MON DERNIER JOUR SERA UN LIVRE COMME UN AUTRE

MON DERNIER JOUR SERA UN LIVRE COMME UN AUTRE

ROMAN

BERNARD VASSEL

JACQUES FLAMENT
ALTERNATIVE EDITORIALE

ISBN : 978-2-36336-385-5
Dépôt légal : 3e trimestre 2019

44, rue principale, 08380 LA-NEUVILLE-AUX-JOÛTES
www.jacquesflamenteditions.com

L'ange se regarda dans la glace,
il ne vit pas ses pattes avant
tenir le miroir.

Hâte-toi
hâte-toi de transmettre
ta part de merveilleux de rébellion de bienfaisance
effectivement tu es en retard sur la vie
la vie inexprimable
la seule en fin de compte à laquelle tu acceptes de t'unir
celle qui t'est refusée chaque jour par les êtres et par les choses
dont tu obtiens péniblement de-ci de-là quelques fragments décharnés
au bout de combats sans merci

RENÉ CHAR

I

Ce matin trois médecins sont entrés dans ma chambre, ils m'ont donné des feuilles et un crayon, ils n'ont rien dit, ils ont souri, il ne m'était pas destiné ce sourire.

Si j'étais, sans le soupçonner, un regard vide, psychotique, temporairement convenable ?

Je me suis cassé un ongle sur l'idée initiale de mes confessions, je débute mal, je réfléchis, ne pas attendre, je sens qu'il est tard.

Je lance les mots dans les rares fenêtres de lucidité qui s'ouvrent au-dessus de mes angoisses, c'est plus authentique, moins douloureux.

On ne me laisse pas d'autonomie, je suis prisonnier de mes étourdissements, de leurs exigences autoritaires, je suis un élément aliéné agrafé au chevet d'une maladie mentale.

Je longe les murs, je croise les mêmes primates désordonnés, abîmés de névroses et d'oppressions réelles ou fictives.

Je ne suis pas dans cet hébergement histoire de passer le temps, je suis dans un hôpital de cinglés.

J'ai de quoi m'écrire, je commence, je me livre en audacieux paragraphes impudiques et meurtris.

Ma mère traversait près de moi, une bassine de linge sous le bras, qu'elle emportait au fond du jardin où se trouvaient, dans un cabanon, la lessiveuse et la planche à rainures. Au passage, elle me caressait la tête, je souriais, je parle d'elle sans plus, je ne suis pas allé au-dehors de ces simples gestes, de ces endroits de vies.

Je jouais aux soldats en plastique, la guerre était jolie encerclée dans un coin d'herbe entourée de coquelicots et de marguerites, j'inventais les bruits du champ de bataille et je claquais ma langue pour diriger mes troupes de pacotille. J'envoyais de minuscules cailloux afin que s'écroulent les premières lignes et, au loin, sur le haut rouillé d'une boîte de conserve, j'installais le commandement.

Mon père, militaire de profession, séparé de ma mère, est le visage de l'absence, une photo me reste, le relief plat d'un étranger au sourire forcé. Nous n'avons pas eu le temps de nous connaître.

L'attente accrochée dans l'inutile espérance, sa silhouette figée sur la commode nous transperçait, une évocation qui chaque jour se répétait et devenait moins pressante, moins nécessaire, moins insupportable.

Ma sœur s'appelle Lydia, et moi Paul, ma mère Olga et mon père Roland. Mon père !

C'était à une fête de village, nous étions dans une salle, assis au centre des chaotiques regards de la nuit.

Un petit chat est monté sur mes genoux, j'aimais ce contact qui réunissait nos solitudes.

Je le flattais et je le pressais contre ma joue, je recevais sa tendresse sans la réclamer.

La folie s'incruste, les statues se déshabillent, s'attirent et se fondent les unes dans les autres. Le désir et la volupté s'improvisent derrière les barbelés d'un catéchisme incertain.

Au Diable, il convient d'égrener son âme, lui demander de vous accorder une minute souffreteuse de divertissement frelaté, de retourner au vestiaire récupérer cette morale restante, quand les agitations morphologiques cessent de dicter leurs divagations érotiques.

Le docteur est passé, il m'a estimé incohérent.

C'est lui que ça dérange, moi tout me va.

J'ai avalé sa dose de valium.

C'est dans mon intérêt, pour mon bien qu'il a dit.

C'était à une fête de village, je l'ai serré trop fort, d'affection.

Le petit chat est mort dans mes bras.

De tendresse.

J'écris, tant que je peux me souvenir, les évènements se bousculent et se déracinent, je les empoigne, je me trompe, je les intervertis.

Je me regarde, c'est moi, je suis sans importance : un hologramme transfusé à la recherche d'une vérité méprisable. Je suis une escapade de vivre qui penche sa solitude sur les larmes dissimulées par les blancs de la page.

J'éprouve de la difficulté à me confesser, mes vertiges reviennent, m'encerclent. Je suis en observation perpétuelle, j'ai cette crainte de me retrouver devant un mur et d'y risquer ma vie. Si je n'atteins plus les mots, je vais devenir insignifiant et disparaître, je joue le frémissement, je perds, je gagne, je me dissous, j'appuie la plume, l'encre s'épaissit au contact des lettres, elle ronge les pleins et les déliés, elle étouffe mon hésitation et ma fureur. Je suis dans l'eau, une image aux joues maquillées de douceur et de regrets, le figurant principal de mon roman, je me pose en scène comme un fait divers dans un journal : un chien écrasé qui redresse la gueule, provoque, lèche, et mord.

Je reprends le déguisement, je galbe l'expression, inavouable destin où les méditations se réduisent en reflets bavards, opprimés, engloutis en futiles disputes. Je masque mon nom de la couverture, cette administrative identité provisoire de soi. Je ferme les portes grinçantes des phrases fragiles où se pavanent d'obscures illusions, je m'embastille dans les textes et me méfie de l'authenticité violente de la composition.

Avant je n'étais pas dans cet hôpital, j'étais libre.

Je suis cloîtré sous une raison anonyme.

J'ai peur.

J'ai senti ma mère, enfermée dans les soubassements de mon enfance, s'éloigner de moi, me rejeter, sans se plaindre, sans explications.

Certains matins, le souffle coupé de l'ignorance me ceinture de son hostilité. Quel est ce secret modelé en moi, cette particularité pliée aux intentions des autres, cette indécision courbée de malformations.

J'examine de plus près les larmes de ma vie, elles sont la conséquence du silence qui m'entoure, elles témoignent la bouche fermée, elles m'écartent, je ne dois pas savoir.

Pourquoi ?

Ils m'adressent la parole d'une étrange façon, en manière de gaminerie, ce que je ne suis plus, un malade interné, dangereux.

Ce que je suis.

Les robes de pétales, les belles-de-nuit à la peau douce et veloutée, je les glisserais dans un cadre à border le froid du verre, dans une attitude langoureuse.

Des formes se fondent en effets spéciaux chargés de prismes et de figures cristallines, dans une démesure, où l'impudeur glousse et chante de surprenantes mélodies. Les peintures des grands maîtres traversent les époques et déposent aux pieds de l'érotisme un parchemin à recopier grandeur nature sur des creux de fesses ridées de débordements lubriques.

L'enfièvrement redouté, espéré, atteint, cicatrise les yeux aux bonnes manières et se détrousse sur la place publique, tourne le dos aux interdits d'une morale savoureuse, irraisonnable.

Dans les chambres de torture, les organes se heurtent, s'écrasent et les couennes déchirées calfeutrent l'aveugle euphorie de l'enfer.

L'inquisition s'étrangle des cris du néant, et les sorcières plantées par le sexe du Diable s'éventrent sous les secousses fougueuses et répétées de Lucifer. Le manche à balai devient sanglant d'incontinence et le ciel ravale son orgueil et admet sa faiblesse face aux démoniaques lâchetés des sens. Fidèles amantes du Malin, vous putréfiez les serviteurs du bien et transformez en brûlures les baisers égarés dans les plis aveugles de la chair adipeuse ouverte à une jouissance extravagante. Les gémissements de la plénitude blêmissent les riches chaumières où le viol se dissimule sous d'élégantes apparences. Les victimes traînent leurs tripes, et engluent leur sueur sous des toisons haletantes de fièvre animale.

Je suis le forgeron de l'obscurité, je m'étale sur le ventre des courtisanes et leur montre la direction du purgatoire, là où se trouvent les salles d'attente tapissées d'effronteries et d'extases pantelantes.

Le Prince des ténèbres ne copie pas, il imagine, il conçoit et la nudité exposée de ses servantes le couvre d'une chaleur défendue, pénétrante et jalouse.

Ils ne se doutent pas que je suis habile à prononcer à ma guise, sans aide. Je suis un créateur, eux sont de rudimentaires observateurs, manipulateurs de mes égarements. Je suis un prédateur contestable qui salit des pages de son écriture aux prophéties non tenues. Je méprise mes confusions enfermées sous ma voûte crânienne pour des considérations hasardeuses et injustifiées.

Je n'ai rien à dire, mes étrangetés sont un désert sous une pluie de sable fin, vagues cambrées sur les hanches nues des femmes, elles sont dans l'imagination de ces contrées perdues là où le soleil tend son désir au feu nocturne d'une étoile.

Je gifle la brise, elle se manifeste et modifie les passages de ce livre indiscipliné. Il me souffle des mensonges de confessionnal, du temps où je n'étais ceinturé, en quantité insuffisante, que d'impuretés vénielles. Je griffe le soir qui équilibre ma déception au milieu de mes phrases à la recherche d'une élégance accentuée. Je meurtris dans la violence ces mots innocents, je ne m'applique plus, le contenu des questions dérive en terrain vague, je me déplace dans mes tranquilles déballages à découvrir une breloque alphabétique en bon état, une perception ébréchée en mesure de servir.

De l'ombre je retire des bouchées de lumière, prudentes, tempérées d'indécision. Je force les murs de l'inconnu, j'y pose mes mains en caresses soumises, irrespectueuses, ignorantes. Je touche les mouvements d'une respiration entrecoupée, une veine qui gonfle et vibre sous la pression du souffle.

Je déchire les papiers froissés, alvéolés, j'ouvre les fenêtres à barreaux anti-suicide, dans un geste illusoire.

Le jour, marque le sol, pulvérise mes compulsions, lui et moi redevenons maîtres des lieux, il tremble et installe son pouvoir éphémère entre les espaces reconquis, temporaires.

Le noir discret, je lui tiens les poings, j'observe le blanc de ses yeux, je guette ce matériau enténébré, son orientation, je me prépare à renaître et avaler les douceurs opaques de mes discordances. Une couche de platitude me recouvre, moi, cet objet d'évolution négative, ce cobaye trempé de nonchalance, cloîtré.

Je vous écris, on me l'a conseillé, c'est mieux, c'est au prix de ma stabilité, on me l'a expliqué.

J'ai adopté la résolution sans entêtement, ils m'encouragent, ils prétendent que c'est une profitable médication, une pharmacie intérieure qui surveille mes tremblements, mes vacillements, mes dernières volontés.

Il m'arrive de couiner dans ma cage, je mentirais à ne pas l'avouer, je pédale dans ma roue, je pleurniche, il me manque des bouts de vie, j'ai façonné des trucs pas bien.

Je trouverai seul, l'idée me terrorise, un délinquant criminel, un condamné infâme et honteux.

Je concentre mon attention dans ces balancements où les droites et les courbes deviennent le prolongement de ma déraison. Des lettres assoiffées me guident à la surface de mes révoltes, des signes se jettent en majuscule et épellent mon nom, elles sont cramoisies, elles se déposent en poudre légère, emmêlée du pollen de mes expirations. Je dérange les incertitudes qui comparaissent au cœur des paragraphes silencieux, j'aime m'élever dans les encombrements où je ne suis pas chez moi, être un exemple de supériorité momentanée en équilibre sur les prétentions du monde. Eux ne connaissent pas mes souterrains, ils ignorent les profondeurs d'où je viens, ces fameux lacs d'eau claire qui se déguisent dans toutes les déchirures de l'univers.

Je partirai à l'intérieur d'une latitude inhospitalière, encapuchonné de roseaux coupants et d'herbes dévoreuses de jambes. Je suis une association malfaisante, je vomis mon dégoût sur les fleurs décomposées par la salissure de mes insomnies.

J'éjecterai cette douleur recouverte des fientes de votre acharnement, laissez-moi dans la mouvance répulsive de cet exemplaire de laboratoire que je représente.

— *Ses cauchemars ne cesseront donc jamais ?*
— *Non, ils sont son lieu de vie.*
— *Pendant combien de temps ?*
— *On ne le sait pas.*

Nous avons grandi ensemble auprès de notre mère fatiguée et malade, et de notre père déserteur du foyer, fossoyeur d'une partie de nous-mêmes, de cet épuisement de soi, de cette destruction lente, accomplie, définitive.

Nous habitions en contrebas de la route, à la descente d'un escalier, petit jardin, petite misère.

À cinq ans je comptais les pièces de monnaie, je les entendais bringuebaler dans le sac de ma mère, j'appréciais ce bruit, cette fiction de l'argent capable d'exister de cette façon-là.

Mes richesses lumineuses explosaient en compromissions et attirances vertigineuses, elles étaient d'une tonalité éclatante, grains de sable tamisés dans des écuelles d'or. Mes rêveries s'écoulaient, croustillantes, plongées sur les bords de ces tentations incomprises.

J'ai vu des matins se lever tôt accompagner ma mère à l'usine pour gagner trois sous, et des retours tardifs qui la ramenait à la maison.

Un soir, je l'ai guettée à la fenêtre de la cuisine, elle est arrivée en retard.

J'étais content à en pleurer.

J'ai pleuré.

Elle est entrée, elle m'a dit bonjour.

J'ai continué de chialer, elle ne m'apercevait pas, je n'étais pas son fils, je la dérangeais.

Que s'était-il passé pour que je mérite cette dissimulation ? Où était ma jeune sœur d'avant Lydia, l'autre.

Quelle autre ?

C'est une image masquée, troublée, exilée.

J'ai vécu une enfance fugitive et solitaire, une silhouette transparente sur les traces de ses pellicules de vie, j'y pose l'essentiel et ne retiens pas les folles promesses qui tombent en paquets sur les désillusions délavées de ma jeunesse. Je pousse et regarde glisser mes erreurs, sans correction, sans pleurnicher. Je favorise la fragilité du cristal, j'aime l'explosion de lumière en éclats tranchants, sentir la blessure comme une peau qui s'écarte sous la disgrâce des années.

Je scrutais les jonquilles semées par le hasard, elles camouflaient mes soldats. Sur les vrais champs de bataille, il s'engage de pareilles contrariétés, les fleurs grandissent sans choisir l'endroit de l'écrasement.

Je rampais fiévreux, sans précipitation, dans l'avidité et l'imprudence. J'ai tâtonné, j'ignorais que l'enfance pouvait s'oublier et se perdre. Hier m'a englouti le futur, il me reste le temps transitoire qui s'évanouit en désespérances superflues.

Je me déploie dans la pauvreté des mots, je ne les dénonce pas, ils m'agacent, ils ne sont pas ceux que je voulais, ils décident du moment, sans reconnaissance, j'inaugure une position dans laquelle ils s'engouffrent sans me demander, on s'entend bien ou mal, on n'a pas d'indépendance. Je n'ai pas la force d'apporter la contradiction, je ne les brutalise pas, ils sont les seuls dans cet hôpital verrouillé à qui je parle.

J'ai un carrousel de chevaux dans ma tête, ils frappent mon front de certitudes et chiffonnent mes rides de leurs sabots ferrés. Les crinières trempées de larmes salées mordillent les adjectifs que je cherche, ils sont piétinés dans une cavalcade essoufflée, ils étranglent mes cris en paroles inintelligibles, un bredouillis décharné d'intelligence qui crache un venin de fabrication quelconque.

Ma sœur Lydia perforait l'existence dans un assemblage de sérieux et d'exubérances, selon la situation rencontrée. Un mélange léger et grave qui lui permettait d'avancer sans risquer de sombrer dans la monotonie de l'action.

Carrière et ambition ne la concernaient pas, elle se dévouait au service des causes oubliées au plus près du désenchantement et de la misère outrancière.

Aider, dans un désintéressement exemplaire et fécond. Je défends ma sœur, elle est une colombe douce, exigeante et contestataire, elle est de mon passé, je retarde sa disparition et le mal de son abandon.

Je ne la reconnais pas sur la photo, elle est belle.

J'avais deux sœurs, je crois, qui me dira ?

Ses doigts se desserrent des miens, elle me quitte et s'approche du magasin, je distingue le reflet de son image, je marche vers la vitrine, elle me sourit. Je m'éloigne, je traverse, elle n'est pas derrière moi.

J'ai oublié son prénom.

Ma sœur Lydia a embrassé l'humanitaire, c'est comme ça qu'on formule, engagement, détermination, courage, elle a confié son innocence à des sociétés désintéressées, qui ne le sont pas toujours. Des ONG de businessmen au chiffre d'affaires non déclaré, des chefs d'entreprendre, dissimulateurs de moralité vraie.

Je me souviens, Lydia touchait la main de notre mère qui ne parvenait pas à saisir le verre. Nous étions crispés devant cette projection, prêts à élancer notre bras en direction de ce qui pouvait à tout moment se changer en humiliation.

Ma sœur et moi, nous avions serré cette main incapable de terminer un mouvement avec fermeté. La continuité de la vie ne procurait que des fragilités à ce corps exténué. Nous étions spectateurs de ce numéro d'inadaptation, de cette capitulation des gestes bienfaisants, l'invraisemblable vulnérabilité de ces années qui se sont enlisées sur des pistes chaotiques.

Elle est partie se faner en dehors de nous, dans une suite de jours où la ligne d'horizon s'est transformée en gouffre sans issue, sans épaisseur. Les souvenirs repoussés dans les lointains, aux flancs de l'oubli.

La vieillesse n'a que de mauvaises raisons de nous coudoyer, sa docilité nous cache cette lente escorte dans la mort qu'elle est tenue de nous fournir.

J'ai sillonné des macadams sans fréquenter l'espérance, on me garde enfermé, c'est une punition suite à mon manque d'adaptation qu'ils déclarent. Je suis un morceau décortiqué par la psychiatrie qui me façonne en paragraphes et chapitres muselés dans un livre désordonné.

Je ne sortirai pas de ces pages, je suis une poudrière, un objecteur d'inconscience.

Ma mère parlait de ses fantômes, attendait de les rejoindre, les disparus l'invitaient à leurs banals ensevelissements d'anniversaire de retrouvailles défuntes.

Une ronde de bacchanales putréfiées, immergées dans l'érotique ivresse qui coule à flots, je discerne des squelettes qui se câlinent dans une danse macabre tuméfiée. Et si l'orgasme éclatait les carcasses ? Je me figure un éparpillement d'os se préparer au spectacle.

Une représentation où les morts se vrillent sous les aigus d'une musique. Les rires lointains s'effacent et laissent apparaître des mâchoires édentées et corrompues, une forme trépassée qui vous étreint en ricanant sous la faux tranchante debout sur la paillasse, et la branche de gui mise en travers du crucifix.

Les serments se martyrisent d'inexactitude sous une croix sans avenir, les semaines se nécrosent de lassitude et enferment les engagements malades sous des singeries défraîchies. La foi doute et mélange sa torpeur dans les murmures de l'eau sur les fronts du baptême.

Ces rencontres enlacées devenaient repoussantes, obscures, des épidermes en carton jauni, des yeux transpercés d'une énucléation inachevée. Le lendemain, les dépouilles restaient accidentées par les remous noctambules qui continuaient de hanter les heures primitives aux pulsations saccadées qui s'éternisaient sur le dernier tour des apparences.

Une pantomime avec ce jeune demi-frère disparu il y a quatre ans, et cet autre, emporté à son anniversaire, avant de souffler les bougies de paraffine. Cet oncle de Saint-Nazaire qui gonflait son ventre, provoquait la rigolade, et valsait sur le modèle d'une baudruche en comprimant la taille de sa femme Amandine, quel prénom inexplicable, je n'aime pas, elle le méritait !

Mes cousines se trouvaient à cette cérémonie d'adieu, encanaillées et pleureuses.

La famille en ripaille, détrousseuse de spiritualité et ricanante à la mort s'était conviée à cette soirée à présentation débridée.

L'invitée du dégoût.

Quelle colossale injustice que cet instant de confiscation absolue !

Ma mère considérait ma sœur, indéfinissable fixité sur les années d'une enfant qu'elle avait mise au monde, élevée et protégée, escortée des balbutiements des joies d'une vie en apprentissage et besogneuse. J'observais ses yeux s'égarer dans des chimères impossibles, sa peau se plissait en forme de grimaces, en dunes de tendresses passées, oubliées, je n'appartenais à aucune.

Décor fermé parmi les larmes et les gémissements, j'étais peu recommandable, sans contour, sans existence, un monstre.

Se souvenait-elle que j'étais son garçon ?

Je ne reviendrai pas, je n'abandonnerai pas le centre psychiatrique à verrous. J'ai peur d'eux et de moi. Qu'y a-t-il à découvrir, qui rampe en moi dans ce fond de vase familiale ?

Il y avait des accusations suspendues dans les yeux de ma mère, des éclats sans brillance qui me rejetaient dans des conclusions épouvantables : elle ne m'aimait pas.

Elle me repoussait, son fils inutile, dérangeant.

D'où venait cette épouvante que je lui imposais ?

II

L'imaginaire fantastique et poissard s'installe aux enfourchures des époques, sans le savoir je me suis arrêté à cette intersection imprévisible et j'ai constaté que tout retour était à écarter. Je m'efforce de déloger les ombres accrochées à l'orée de mes pupilles, l'obstination est ma compagne, ma pourfendeuse, mon incompréhension.

Je palpe cette poche travestie dans le cerveau qui amoncelle toutes les indignités accumulées par le passage d'une vie sans réputation, cette sonde qui se remplit du zéro de l'arrogance.

Ma mère et Lydia, des reflets qui s'anéantissent et s'écrasent dans ma solitude, je les dévisage, je me rattache à leur punition, leur châtiment.

Elles sont là mes entrailles infectées du sang mauvais de ces jours qui m'ont façonné en gamin impur.

J'ai des arrière-goûts de cantine scolaire dénaturée d'odeurs et de bruits. Je détestais le foie. La grosse dame se promenait dans les rangs, elle nous surveillait et son coup d'œil bravait le méfait, le pas de côté qui désignerait sa victime.

Quand je serai grand, je la retrouverai, je me vengerai.

Le réfectoire devenait plaines et montagnes, et du haut des sommets l'aigle guettait sa proie, ses globes oculaires se convulsaient de sadisme, le meilleur s'installait.

Les angoisses dépendaient de la composition du menu, je pouvais redouter le pire, être emporté entre les serres manucurées de cette goule qui gesticulait de la taille.

Je mâchais à la limite du haut-le-cœur, cet instant où l'abdomen se dispose en soubresauts et impulse vers le haut les éléments étrangers et de peu de saveur.

Quand notre gardienne me tournait le dos, je plaçais discrètement ma ligne de vie devant la bouche et récupérais le tronçon de carne chiquée, c'était ma victoire, sans grandeur, aux conséquences peu glorieuses. La contrariété ne s'achevait pas là, je me figeais dans la prudence et je serrais cette rognure humide et sans forme dans ma poche.

Ce camouflage me plongeait dans une résistance de laquelle je ne retirais aucune satisfaction, j'allais être forcé de passer l'heure de sciences naturelles et d'arithmétique au contact de cette mouillure qui avait été de la viande.

Il m'arrivait de l'oublier dans mon vêtement, ma mère ne lança jamais de remarques.

Pourquoi ma mère est-elle devenue si vieille ? Si vite ? Ses doigts recroquevillés au lainage, ses membres épuisés d'inflammations, un visage étranglé par des traits caverneux, la mâchoire déformée par des os saillants et abrupts, son regard écrasé par la disgrâce. La peine dans ses veines ressortait à l'imitation d'épaisses pailles violacées, prêtes à éclater et à laisser le plasma jaillir en souvenirs asséchés d'abandon.

Elle n'est qu'un objet indisposé qui soupire et se crevasse, elle sera sur son lit sans me voir, je serai à l'écouter gémir, sans qu'elle sache que je suis son fils.

Des crans de sable asservis par le vent pénètrent sous sa peau, l'avachissent et effacent les couleurs de la vie. Ma mère n'est pas responsable bien qu'elle soit coupable de m'avoir mis au monde, que pouvais-je lui offrir de plus, le temps fixait sa détérioration et la mienne, je finirais à l'endroit de ces chemins imposés par le destin. Je n'existe plus, je suis un spectre malingre, vagabond, un réfractaire à la mémoire endolorie, un inconnu.

Je souffre, elle meurt, elle ne me possède plus. Qu'avons-nous détruit ? Que s'est-il enfanté qui ne doit pas se prononcer ?

Je la devine consciente, méfiante, accablée, ses mains se dirigent vers moi sans se tendre, elles ne me reconnaissent pas, l'espace est notre séparation.

L'oiseau se secoua et fit tomber des morceaux de poussière de nuit, le soleil toussota son rayon jaune et la terre s'enflamma.

L'affrontement avec les volontés divines s'annonçait, les messagers noirs savaient où les retrouver afin de les vaincre et les renvoyer dans leurs demeures inhumaines. Elles s'étaient immolées au travers de l'inexprimable, elles luttèrent contre le diable, et le brouillard qui fut témoin garrotta le spectacle de cette férocité dans les fonds insaisissables de la glèbe.

Le combat fut effroyable, le vampire repartit brûlé, affaibli, il retourna dans son foyer des ténèbres, et se jeta sur ceux qui cherchaient à occuper sa place, sa vision réduite ne l'empêcha pas de les repousser de cette contrée. La chauve-souris admettait que ce retranchement construisait en elle un tourbillon que la lumière refusait d'escorter, elle pressentait que sa force la condamnait à l'obscurité.

Les matins endormis crachent des sonorités intrépides sur la grisaille et le désarroi des heures qui dérivent.

Je suis un volcan qui lave ses pensées au-dessus des pentes rocailleuses des illusions endiablées d'une journée qui s'organise. J'arrache, en coulées brûlantes, les inconsistances de langage, si petites qu'un simple souffle suffit à leur engloutissement. J'abandonne une chance à l'expression savoureuse de se manifester, elle se montre et se méfie de mes comportements vulgaires qui me rendent habile à déféquer à l'extrémité de son hypocrisie.

Je suis une poudrière cosmique qu'il est prudent de ne pas réveiller, je suis capable de m'écraser, de me travestir en affaissement humain.

Ma mère, nous nous sommes développés sous tes ailes esquintées, écornées, nous avons désappris les images des premières années. Qui sont ceux qui prétendent, mieux que nous, connaître les secondes où la tendresse est la plus profonde, que savent-ils de ces portes qui s'assombrissent en haut des rencontres manquées de l'affection ?

Pourquoi calculer l'étendue qui se dépouille de la présence de ceux qu'on aime ? Leur extinction obscurcit l'espérance de nous dévoiler, de nous souvenir.

Les yeux fermés, elle respirait fortement, l'infirmier était à côté, il m'observait, il a ramassé son temps, la main sur mon épaule il m'a dit : « C'est difficile » en conclusion ou interrogation. J'ai été ému par cette familiarité, c'est long à parcourir cette agonie, cette contemplation extrême. J'étais absorbé par l'insignifiante lenteur, j'attendais que les nuits se rejoignent et achèvent cette imposture.

Il a ajouté qu'il comprenait.

Elle est décédée, après les soins de trois heures.

Ce sera mon tour en saison d'octobre, je dénuderai cet instant d'autodestruction involontaire, ce ruban déchiré larvé des apparences de la vie.

L'idée du trépas, cette figurine de papier infatigable et lointaine, patiente, amicale, hypocrite, qui résiste aux intempéries.

Je m'éternise, c'est mon tour.

Dégagez, bande de cons !

Mourir, ce n'est rien, c'est juste avant que la proposition s'affiche, scabreuse, quand les visages ne contemplent que votre maladie, cependant que le temps s'entretient à vous garder les yeux ouverts, quand les pleurs se noient et que ce n'est pas de votre faute. Séchez vos larmes, ce qui survient ne se partage pas, plaquez-moi à mon égoïsme et que cette salope accomplisse sa besogne d'obsolescence poussiéreuse.

Je deviens grossier.

Je succomberai en enfer, les femmes y sont dévergondées et nues face à la chaleur de leurs obsessions empressées et goulues.

Je me blottirai au sommet de tonalités chaudes et douillettes avant de sortir évacuer les mensonges dans les bars environnés de filles légères.

Je basculerai de la tour, et comme un vautour, je piquerai, m'écorcherai la gueule aux sentiments qui se nourrissent de comédies.

J'embrumerai mes yeux cerclés de vermillon et j'écouterai les sifflements de mes trains électriques qui, dans le grenier, traversaient mes levers du matin sans marquer d'arrêt.

Je désire mesurer l'efficacité de l'inutile et lutter en face de la somnolence surannée d'une fin de jour.

Absence de demain, je suis le calice et l'eau bénite, je suis cette source divine qui se défatigue dans une coupe d'or.

La perpétuité apaisera ma soif et c'est dans les tourbillons d'un sablier que je récupérerai les flonflons du repos qui se pressent autour de mes sirènes assagies, entre les blanches et les noires d'une partition sans fin.

Je défie les mots insonores, je croque le silence, je l'extrais de ma bouche, je l'immobilise entre le pouce et l'index, au-dessus de ma page, c'est un lambeau de vide, léger, il tourne comme un pendule à la recherche d'une parole perdue, oubliée.

Je m'amuse de ce bidule indompté que je tiens dans ma prison de doigts, nous nous regardons, nous écoutons, ma tête tourbillonne et je deviens lui.

Je resterai dans l'ombre de mon écriture, là où je suis le seul responsable de la hauteur des majuscules, de leur profondeur qui soustrait ma passion aux prédateurs sans foi ni loi. J'ai choisi le bon sentier de la solitude, écrire est une souffrance volontaire, indispensable. Je me détourne des encres menteuses, des couleurs qui falsifient les intentions, j'essuie les paillettes transportées hors de l'atteinte des soirées où le vide s'installe.

Mon admiration s'immobilise sur cet oiseau qui ne poursuit pas son vol, cloué au sol, loin de sa traversée et de sa liberté, sa détresse est la mienne.

Déchirer la nappe, dévorer la nourriture dessinée, pulvériser ce festin artificiel. Je me bourre la gorge de ce papier de table jusqu'à l'étranglement, j'aime ces lettres plantureuses qui m'étouffent et transforment ma salive en vomi acidulé.

Les docteurs me considèrent curieusement.

Et si j'étais fou ?

Cela m'épouvante.

Les jupes se soulèvent et je découvre une tendresse que mon esclavage approche nerveusement. Elles se jettent dans l'envie du plaisir et le péché serait de s'abstenir d'y poser sa veulerie.

Je consomme dans la gourmandise.

Inassouvi et téméraire, j'encourage le faux pas qui me conduira au milieu de dames aux hanches marbrées.

La nudité s'humilie en profondeur et son ornière devient productive d'anormalités sexuelles. L'écorce se dépouille et apparaît une poitrine dévêtue et lactée, les pointes fixent l'horizon sans se soucier de mes yeux mouillés de fièvre, c'est mon regard qui est saisi par ces abondances de dunes, je franchirai cette distance qui me sépare de la fraîcheur des femmes, je brutaliserai les espaces et mes lèvres, sur elles, écraseront ma pudeur.

Son corps moite de vertiges se soumet aux extravagances qui, en convulsions sulfureuses, se métamorphosent en arc-en-ciel pénétré des rayons du soleil.

Des blouses blanches autour de mon lit m'empêchent de laisser vagabonder mes impuretés, j'entends leurs suffocants épluchages incompréhensibles à propos de leur science. Je suis interné, je suis le résultat de dégâts familiaux. Je suis une conversation, un maillon, une particule sans intérêt, un coquillage torturé, un bulot spongieux sorti de l'eau de mer.

Je suis devenu le mal : genre de perturbation aiguë et irréversible.

Les cloisons se resserrent et mon front se brise, je veux partir, je veux enjamber ces déchirements et rattraper l'autre côté de ma vie, cet extraordinaire silencieux et déraisonnable, danser près des anges, sauter dans la nuit et récupérer mon passé recouvert de gaspillages.

Derniers instants de paix enveloppés en désordre sous la chair fourvoyée à la lisière des secrets corridors où les femmes dissimulent entre leurs seins le poison de l'humanité.

L'époque s'essouffle, me sacrifie, me plaque à terre, je balaie l'étrangeté, je n'ai plus de sens.

Je rédige des pages emprisonnées, prohibées, un bouquin que j'encellule dans ma mémoire, il est déguisé et préservé du succès, de la gloire, de sa défaillance.

Je défends, jalousement enfermée, l'intimité des mots, ils me bercent d'espérance et leur sincérité éblouit les phrases qui les portent. Ils sont dans ma bande, des confidents bavards qui surveillent les ratures impromptues qui les privent de la parole.

Ce sont eux qui me maintiennent en vie, je ne suis que laquais maladroit, vassal littéraire, sans majuscule, enfin un nom presque propre, invariable, commun, quelconque, usuel, enfin moi.

Les tangages de mes méninges s'implantent sur les pontons de bois déchiquetés par l'usure salée, je souhaite éjecter les épaves et me retrouver dans le ventre de ma mère, recommencer.

Oui ça passe par là, en parler.
Non, ce n'est pas un tourment d'écrire.
Oui, vous avez raison, c'est causer de soi, un peu.
Beaucoup.
C'est un affrontement.
Oui, c'est exprès, on me l'a demandé.

Je coiffe les lettres, je leur transmets une part de moi, cette partie rêvasseuse, inconnue, dont la beauté s'habille de doutes. Elle jaillit dans les creux, en surprise. Je pince mon refus d'écrire comme j'installerais mes doigts dans l'intervalle des mors d'un étau, la douleur y serait moins brutale que cette démission lucide.

Perversion des mots, maltraités au fond de mes fantaisies, leur revanche prononcée contre ma bienveillance hypocrite.

Je fracasserai ma clairvoyance sous des livres ensommeillés, tassés dans des bibliothèques vernies, je rattraperai leur silence et dans une inspiration, je leur lancerai qu'ils ne sont que la dispersion égoïste de mon existence.

L'infini repousse son horizon et m'emporte dans des dessins d'étoiles à qui nous avons donné un nom. Je deviendrai bateleur galactique, ma Venise à moi est un soupir de lumières où se baigne le noir de l'immensité. Ma barque est brûlée par le soleil, je la protège et la recouvre de l'ombre complice de la Lune. Elle est mon amie, ma mélodie, ma danseuse en celluloïd, en rotations sur une gondole de contrefaçon nacre.

J'écris sans préférence.

Les années effaceront l'encre, il survivra des marques, petites rigoles qui ferment leur course dans les terrains vagues des pauvretés de l'esprit.

Vaines précautions plongées dans l'attente des caresses du destin. J'écris dans la seule intention de ne pas disparaître, je n'apporterai aucune correction à cette dérive tortueuse et salivante qui se camoufle dans des amplitudes infréquentables sur lesquelles poussent les racines de ma démence.

Il n'était pas essentiel de fournir à la vie des explications, elle ne réclamait rien et m'abandonnait dans cette tentation de croire que j'étais autorisé à modifier mes choix.

Les complications étaient sournoises, je sentais une fascination, c'était ma manière d'être malade, mon cerveau est affecté et se transforme en élément sclérosé et irresponsable. Je suis maître de ces idées que l'on me reproche, que l'on m'invite à déchirer par la plume, je suis une insignifiance qui évolue, invisible, je me casse et me déforme dans les angles, je m'endurcis aux routes de l'obscur.

J'avais revu cette camarade de collège.

Elle m'avait dit bonjour dans un coin de rue, elle a précisé qu'elle et moi c'était de l'histoire ancienne, je fixais ses couettes brunes, c'était bien de ne pas comprendre, ce n'était pas douloureux.

J'ai répondu « oui », sans surprendre l'absurdité de discuter d'un évènement sans suite, irréalisé. Je taraudais l'évidence fabriquée, celle à laquelle j'ai échappé, elle a pleuré, un peu, du regret en différé, inutile, pour la forme.

Je ne suis pas certain qu'elle et moi avons partagé une photo de classe, c'est mieux ça ne laisse pas de traces.

J'ai pensé à une autre fille, elle s'appelait Zoé, nous avions visité la nuit ensemble, à nous déplacer dans la ville, à discuter sans jamais nous toucher la main.

Je t'observe, tu danses, tu caresses et déchaînes le temps, nos âges se diluent sous des musiques endiablées.

J'ai cueilli une fleur, sans pétale et sans parfum, sans avenir, une fleur de souci et d'oubli.

Nous avons pivoté sur la vie, appuyé les mots de notre jeunesse, assurance insolente, inoffensive. Nous avons baladé notre agitation embryonnaire en ne l'écrivant pas.

Zoé avait les cheveux courts, elle s'égayait de cette situation, moi je composais sérieux, celui qui sait, celui qui triche.

Une journée de passage dans cette récréation qui est la mienne, un brouillard et une comète qui se tutoient sans échanger, qui se dépassent et s'éloignent et s'évanouissent dans des instants perdus. La lumière a changé de place, elle reflète la fin d'une saison, elle chute de tout son poids sur le repentir des matins. Je m'évapore lentement, avec des larmes discrètes, je marche à la pointe du cœur.

Nous nous sommes quittés dans un instant long et grave, un adieu obstiné, imbécile.

Nous l'avions décidé et nous l'avons fait.

C'était une erreur, une nuit c'est un raccourci sans horizons sur les premiers pas d'une comédie sans amour.

L'attente appauvrit mon endurance, je renonce à combattre, elle me parle de ces veillées, de ces personnes qui écoutent le vent se glisser sous la porte.

J'atteins ces mondes de la solitude, je traîne mes pieds sur leurs cicatrices, donjons et ponts-levis, je suis leur seigneur, j'élève au bord de la plage des mirages qui ont la forme d'un seau en plastique.

Je ne distingue plus les bruits de l'avenue, c'est sans importance, je déserte ces théâtres de rencontres inachevées, ces printemps sans fleurs nouvelles.

Je me détache de la horde avec facilité, je m'écarte, je leur échappe, je me transforme en vapeur d'eau et je ruisselle le long de leurs préoccupations vacillantes. Je suis une poche fermée dans un tissu imperméable aux imbécillités anguleuses terrestres et funèbres.

C'est ainsi que je marque ma différence, en favorisant les heures de ma vie immédiate. Je l'exprime dans le désordre, dans l'approximation. Je tremble d'incertitude, j'ai cette peur constante de renaître sous un numéro de sortie d'usine robotique. Une copie d'être humain mal préparé, mal boulonné, mal soudé, un tas de ferrailles taraudées d'une rouille en plaques.

C'est l'effroi qui se dénude, je résiste face au néant, devant cette impossibilité de réussir à dominer l'inconnu.

Et je tombe pour toujours.

Je fractionne les exigences où s'enferment des clichés qui me bouleversent, me bousculent et émoussent les croquis esquissés à l'intérieur desquels je m'estime victorieux, un genou posé sur l'échine de la bête abattue.

Se remettre à apprendre, par les tables de multiplication, d'additions, et de divisions imprimées au dos du cahier.

— *Il est dangereux, sa frénésie compulsive mélange les pages sans discernement, il va se perdre.*
— *Nous n'y pouvons rien.*
— *Nous pouvons l'accompagner dans sa dissociation.*
— *Non, nous ignorons l'ordre de ses pensées.*

J'ai des creux dans ma tête à l'exemple de pots de fleurs sans terre, le fond de mes méninges s'est déplacé et la matière grise collectionnée avec patience, a foutu le camp. Je suis vide de sens, l'endroit et l'envers se confondent et si on me pose une question je ne résous que le point d'interrogation. Je me nourrirai d'absence de réflexions, je réinventerai le menu, je m'installerai proprement avec une serviette autour du cou. Paroles emprisonnées, surveillées, ne pas les communiquer au monde, elles contiennent des évidences dont on doit se prémunir.

Je renifle la férocité en éveil, prête à surgir et se renfermer dans des médicaments neuroleptiques imposés.

C'est une confrontation explosive, incontrôlable, la fuite se décalque en danger, je suis cette force imprévisible, c'est dans cet instant que mon visage passe par-devant la glace et saisit l'effarement. J'ai soufflé à quatre pas de la vitre, je me suis reconnu et je me suis dépouillé de mes défauts pardonnables.

L'écriture se vautre en imperfections grossières, communes, avec elle je plonge les mains par-dedans l'entrecuisse d'une sirène qu'un poulpe sodomise de ses tentacules. Délectation ventouse de ses pustules mimétiques qui aspirent le plaisir et recrachent en brouillard les écailles agressives de l'orgasme. Insensé effarement où la démonstration hésite entre l'un et l'une et se couche entre les deux.

Et les sexes se confondent, s'embrasent, s'assoupissent dans l'un et se contractent dans l'autre. Il et elle, reçoivent et donnent par toutes les malfaçons de la création.

Les chatoiements démesurés de l'ennui se faufilent dans l'onde où les apparences se coupent dans un miroir sans surface. Je me cogne aux parois lisses de l'inconscience et je double des silhouettes qui se décalent à contre propos de ma vigilance.

Je marche vite, je distance ces contours qui se roulent et crachent leur bestialité aux alentours de mes espadrilles.

Je me méfie, le sol est cabossé de cadavres en dislocation, ils rampent sur leurs jambes râpées par la vie et jalonnent en lignes de sang leurs ambitions foudroyées.

La peau les quitte et découvre des muscles atrophiés et saignants, des lambeaux s'agrippent comme des drapeaux tibétains, éreintés par le vent.

J'avance, je les comprime.

Demain je serai leur goudron, cet espace qui se construit à partir des amertumes, par l'impertinence du temps, par l'indifférence.

Qu'y a-t-il sous le délabrement ? Je gratte au tractopelle, je supprime à la barre de dynamite, et je ne vois pas les terminaisons de cette couche consistante, visqueuse, enfoncée dans une bassine de fiel d'où s'échappent, difformes, des substances aux relents de ratiocination miasmatique.

L'impatience, légère et invisible, ride ma vie d'une implacable ardeur et me pousse dans les opacités microbiennes du passé. Sur cette ligature s'énervent des apparences que j'ai croisées par mauvaise conscience, mes pensées devront se reposer de ces remous, de ces tressautements.

Je n'aurai pas été le roi des voleurs, ni capitaine ni même corsaire.

Je cherche un mot qui me ressemble et me grise, un mot d'absinthe et de désœuvrement.

Je ne repeindrai pas les murs de la folie, ce ne serait pas convenable de reproduire des preuves de ma destinée.

L'irraisonnable est sous mes envies, il patine ma sueur, j'empoigne le silence et avertis de le rétrocéder sourd par des menaces que je dessine au plafond des bibliothèques.

Je veux être palpable, repoussé, détesté, enfermé dans ces caves qui n'ont jamais connu la lumière. Fermez les ouvertures et taisez-vous, ici s'adosse un homme qui entretient son ivresse et en cultive l'exagération.

Des ombres sèchent sur un jour inutile, des éclairages se reproduisent en plusieurs et disparaissent. Retombées éphémères à qui l'astre de feu donne la vie à l'emplacement d'une plainte ou d'un déchirement de tissus. Je ne sais pas me projeter sur les fresques d'époque, je renonce à ces frissons qui troublent la providence et je découpe la photo en sombre et blanc.

Je suis une esquisse en relief, incomplète, consciente, une décalcomanie, le passager d'un destin en pointillé.

Vous muselez, vous anéantissez ma mémoire, vous pulvérisez ce qu'il me reste de clairvoyance.

Je me partage, je me déroute, je suis une île, l'oasis des loufoqueries, un endroit privilégié où seules les intimités tourmentées se reconnaissent.

Je suis isolé, face à ce refuge que je dresse à ma protection, vous détruisez mes amers de navigation, un à un, et je finis par souhaiter cette occasion où je me métamorphoserai en figure de proue, la façade creuse et les yeux gonflés de stupidité, sans bras ni jambes, les joues déchirées et la mâchoire décrochée.

Le jour se déguise, vautré dans une vie végétative et minérale, océanique et misérable, il est le voyageur de mes insolences, punissable de gravir ce qui est loin de la compréhension. J'ai gagné la déréalisation, ce mot utilisé dans le classement de mes psychoses.

Je vous parle de ces pays traversés et accouplés dans une élévation d'esprit que vous n'admettez pas. S'il vous arrivait d'en imaginer une partie, vous seriez inhumé sous les tourments provoqués par vos inexactitudes, j'aurais à me confronter à votre fadasserie.

Je suis une transparence libérée de ses aberrations.

Les mouches trépident sur la portée musicale et déclenchent des convulsions sur les tapisseries marquées de leur transhumance, insatisfaites elles posent des chiures à la frontière de nos intrigues en recherche de dignité. J'ai dans ma paume le corps déchiqueté de l'une d'entre elles, plus intrépide ou maladroite, elle n'a plus d'apparence, elle s'amalgame avec n'importe quelle tranche de viande avachie, avariée et puante.

Comment serai-je, moi ?

Mes inspirations ulcérées de la nuit remplacent la sagesse par de l'incohérence. Je m'y retrouve, j'entrevois les routes au-delà des murs et j'expérimente des passerelles qui se jettent dans le vide et vous enseignent à planer dans la confusion.

J'attends, ne pas gaspiller dans un divertissement ripailleur mon suprême fantasme de la féerie, survoler les surfaces de l'invraisemblance et m'y sentir protégé.

J'écarte les ailes des corbeaux charbonneux, je les détache de l'oiseau, leurs déchirures me donnent la force de vous maudire, ce n'est pas moi, c'est vous qui stimulez le dépassement de cette extrême limite.

— *Il s'agite docteur, faut-il le neutraliser ?*

— *Nous avons le temps, il se mesure à cet autre qui lui ressemble. Le combat n'est pas terminé.*

Je soupçonne l'endroit où se rejoignent les cloisons de l'ultime grandeur, elles sont trempées du froid de la nuit, elles percent les épaisseurs et reproduisent sur le bout des doigts des ongles en forme de crochets.

Vous me provoquez et votre incompréhension tombe sur la margelle de bois du vieux puits, là dans un coin du parc, mais vous avez oublié. Vous avez tort de vous moquer, au fond se trouve l'eau de la bénédiction du monde, elle coule le long des fronts innocents et déchire l'esprit des pécheurs arrogants.

Nous sommes proches, vous savez.

Nous sortons tous du ventre de la Femme.

III

Je ne reculerai pas devant les fissures de l'effroi, je suis adossé à l'ignoble, c'est à vous de craindre l'odeur, la putrescence à venir de ma sensibilité égratignée.

Je ne suis plus le muscle, je suis le rapace qui le mange, qui ronge cette enveloppe confite, offerte en festin aux charognards des nimbes. Je suis leur pâture et je suis eux, je me nourris de moi, je suis le pélican qui crevasse son ventre à coups de bec, je suis le rat à l'anus cousu qui crache ses excréments par la bouche.

Je déplacerai la plaque de ciment de ce gouffre où les voûtes s'arc-boutent au-dessus de cet emplacement qu'elles ont nommé, j'y destinerai mon déclin, ma consécration, mon avènement.

Tombes apprêtées à la douceur d'une mort que la vie me réserve en pénitences de ses violences et persécutions accusatoires. Je transporte mes dépressions au bout de l'âme, je guette l'instant ou elles m'écraseront aidées par vos funestes psalmodies de sacristains.

Je suis descendu dans ce puits qui mène au bas de l'indigence, j'y ai traversé des vestiges décomposés par les vengeances qui se lèvent, près de ces maisons où tombe un sommeil de débauche.

Les pierres froides, rugueuses respirent des grimaces prêtes à m'engluer, j'ai éliminé mes appréhensions, à la limite des fictions de la vie, j'ai été conduit au seuil d'une porte de bronze, sentinelle glaciale des énigmes de l'inconnaissable. J'ai pensé à toi Lydia, sans m'en rendre compte, j'ai épelé ton prénom, il s'est écorché sur une galerie habillée de soie, de dentelles blanches et d'innocence. Je me suis laissé enveloppé par ces chevelures de caresses distantes et timides.

J'ai avancé et je me suis perdu sous des voûtes démoniaques où les sorcelleries se fourvoyaient à la prononciation de mots étranges. Les six premières portes ont obéi à la voix des ténèbres et se sont délayées sur des mystères à ne pas déranger.

À la septième, j'ai compris où était le non-retour, pièges de la sépulture qui encerclent la proie d'une émanation rassurante et se referment en direction de l'homme animal sans déceler son degré de purulence.

J'ai traversé la Cour des Miracles et je me suis frôlé à des coquins à l'épiderme fripé et raboteux.

Je les ai vus se diriger à genoux, et sur le sol disperser leurs bras emplis de barriques ramollies par l'âge et l'alcool, ceintures de peau enflées qui rampent en limaces baveuses et lamentables, plongées au cœur de ce faisandage où le corps impuissant à satisfaire subit les ignominies des basses impulsions. Bedaines flasques transformées en flaques de boue pisseuse encouragées à uriner dans le crachoir qui sert de bol au petit déjeuner.

Cette fois je m'opposerai à l'exigence de dormir, j'agiterai mes passions à la figure de ces ombres, je les forcerai à se taire en récitant des prières païennes et impies.

Je guetterai la punition, cette exaltation promise et je me dénoyauterai en présence de ces bouches noircies, de ces anges aux frimousses tordues en culs-de-basse-fosse.

Je m'élève et j'éternue en bordure des fleurs sacrées, sur la paille de la crèche où brillent le feu du berger, et l'étoile qui porte son nom. Je pars sans les chameaux, sans mages, sans toucher aux pièces d'or.

Je pars avec l'âne, à la recherche des philosophies englouties, au-devant de Babylone, cette prostituée de l'Histoire.

— *Que veut dire ce sourire docteur ?*

— *Ce n'est pas un sourire.*

C'est une plaine de cendres où les restes fument l'abomination, les os charbonnés s'enfouissent dans le mutisme des représailles. Les nécrophages se disputent la ration entamée, ils s'amusent de notre tragédie d'apprenti amateur au crime, et se régalent de ce banquet que nous leur proposons.

Nous sommes plus noirs que leurs ailes, plus écorchées que les lambeaux de chair qui pendent des gueules voraces qui sont le modèle de notre réincarnation.

Je suis une flétrissure, je suis cette effigie dessinée dans toutes les étendues de l'univers qui vous trouve à barboter dans votre orgueil. Je patauge dans un intervalle perforé de grillage, il s'y écoule des couleurs froissées par mes incommodités, je ne choisirai pas, il n'y a pas d'ordre, de sens, de discipline à ce jeu d'échelles, toutes sont là par souci de me retenir, m'exhiber et m'inculper. Je vous entends parler de la lubricité de mes réflexions, de cette mise à nu au-delà de cette érection de l'âme qui, contre nature, explose sans fragmentation. Vous m'incarcérez dans votre enseignement de sacristie qui se déplie dans un missel aux marque-pages dentelés de vos dévotions fanatiques. Ne vous approchez pas de mes délires, ils sont des soupiraux que votre raison ne maîtrise pas.

Vous vous défendez de moi, de ces trépidations entraînées par ce vacarme qui se propage en ondes nécrophages. Les turbulences effrontées sont voilées de cet étouffement qui se dérobe sous vos évaluations insidieuses, fourbes, blasphématoires. Plus tard, je monologuerai sur le désagrément d'être un loup-garou aux peurs dissimulées dans les contrariétés du néant.

Les néons éclatent le verre de l'ennui, et dans les cintres, se blessent des gargouilles qui pâlissent. Les mal portants me regardent curieusement. Et si j'étais fou ?

— *Faut-il lui injecter une dose, Professeur ?*

— *Non, ses inconséquences le maintiennent en vie. Préparez la camisole.*

La chaise indécente, provocatrice, chienne se distord, elle est à genoux tout contre la lucarne et elle filtre par son dossier de paille la clarté froide d'une fin d'hiver. Son isolement s'écrase sur le carrelage docile, elle est mon reflet patient et défiguré.

Elle épie les alliances qui se traînent dans de la rue, ce versant qu'elle ne maîtrise pas, je fais silence, elle n'a pas à savoir ce qui s'y passe.

La chaise ne gémit plus et son mutisme traverse les tumultes qui me séparent de la vie, perception déchirante du temps qui s'éternise dans une illusion de lenteur et rabougrit les beaux instants de la solitude.

L'heure plongée dans la nuit écrit des mots compliqués à relire.

Je n'ai plus la possibilité d'effacer ces traces fécales sur ma pensée, je veux sur mes saletés voir ramper mes projets et m'élever au-dessus de cette merde où s'évacuent les ombres coléreuses de l'humanité.

J'ai épongé au buvard la malchance de mes confidences, je me suis endormi.

J'écris dans l'embrasement ardent des geôles de l'Inquisition, mon histoire n'est pas présentable, je ne parviens pas à entrer dans la romance.

Me livrer sans convoitise, dans les méandres embrumés, cracher sans provocation, sans me souiller.

L'horreur se colle à mes contradictions et m'oblige à parler de mon père, et de moi.

J'aimerais inverser les rives du fleuve, on me surveille, on redoute les pouvoirs qui s'obscurcissent en moi, on se méfie de mes aptitudes, on pressent que je suis possible de ça.

Je suis votre particule organique à consommer avec parcimonie et suffisance. Entre mes phalanges, des échantillons de méninges roulent et se salissent au contact de la sueur, je chasse l'odeur du sang qui me rejoint dans la première heure de ma naissance.

Drap mouillé de douleurs par les cris retenus d'une femme qui dans son ventre contenait ce que je suis devenu.

Je m'élève sans vous et du haut de mes ondulations scandaleuses et désordonnées de l'esprit, je glaviote à vos pieds une pluie de vermines prometteuses d'épidémies.

J'appartiens au déshabillage impudique des étoiles et je proclame que la vertu n'est qu'un plissement de porcelaine jeté en force sur les tôles des forges où travaillent les aphrodites du Diable.

Je suis polichinelle ou soldat du roi.

Je suis le Roi.

Son fou ?

IV

Ils se sont avancés, ils étaient cinq, en costume sombre.

J'étais à Genève et je tapais sur la grille de cette société privée qui avait embauché mon père.

J'avais besoin de connaître ces gens qui façonnaient des criminels légitimés et s'excusaient des erreurs douteuses et collatérales.

Ils étaient polis et bien habillés.

Je leur criai qu'ils n'avaient pas le droit, que l'argent n'était qu'une invention de l'homme et l'homme une créature de Dieu.

Je suis allé jusque-là, parler de Dieu, la fièvre, l'énervement, la fatigue, sans doute.

Ils m'ont pris par les bras, ils m'ont invité dans une longue voiture opaque capitonnée de cuir véritable.

Je me retrouve dans un asile où les clés se tournent en quatre tours dans tous les axes de la liberté, mes précédents passages étaient plus légers, plus attentifs, moins surveillés.

Mon casier judiciaire se développe et gagne en notoriété.

Je n'ai pas dénoncé, j'étais seul, la police a rédigé le procès-verbal.

Il était signalé que j'avais dégradé le portail d'une entreprise à coups de poings et de pieds. Un établissement de mercenaires, par prudence la qualification n'était pas employée.

En conclusion, je devais être soumis à des examens psychiatriques, c'est moi qui étais malade.

C'est un beau pays, intrigant et hypocrite, le vice se nippe de respectabilité et s'applaudit dans une parfaite corruption autorisée.

Les patrons de guerre habitent la Suisse, ils sont costumés en détritus honnêtes et ne vident jamais les poubelles qu'ils sont occupés à remplir.

La pauvreté est sacrifiée dans des salles de causeries feutrées, moquettées, elle est mesurée en pourcentage de plus-value au profit d'actionnaires porcins, non coupables.

Leurs petits fermeront les yeux sur ces agissements irresponsables et légaux. Ils apprendront à écraser le chiffon sale et ramasser le magot enroulé de naïveté.

Ce n'est pas de ma faute, ce n'est pas moi qui ai commencé.

Eux construisent le mal, cloisonnés dans leurs grasses manufactures aux façades de verre, aux fenêtres translucides où se camouflent séminaires, conférences, colloques et gracieuses réunions nauséabondes de complaisances.

J'ai été contraint de flanquer un coup de pied dans cette vermine, ils ont souri de mon impertinence et se sont dégagés de moi.

L'ordre est une humiliation dictée par des lois qui favorisent les biens privés.

Moi je suis un désordre prononcé et maladif.

L'infirmière est passée près de moi, ses vêtements se plaquaient à sa peau, je me suis représenté la déshabiller sans les mains, avec la bouche en commençant par le soutien-gorge.

D'où dérivent ces obsessions, ces préoccupations ?

Je m'inquiète de ces désirs impuissants, pourquoi apparaissent-ils ? Je suis attiré par cette nudité que marquent les corsages explosés.

D'où me vient cette voracité goulue qui m'entraîne et me pousse sur des courbes aux jeux baroques.

Je suis une espèce libre, en danger, je circule sans cuirasse dans des jardins chargés de lances, d'épées et de blattes de canalisations endoctrinées à pourrir la conscience.

Je retournerai le chaudron ensorcelé, je me préparerai à me fondre dans mes soldats de plomb, je cadenasserai les trous où sont enfermées toutes les injustices, je m'engagerai lentement à proximité de cette corniche qui se trouve à la fin de mes phrases et au bout de la vie.

Je réapparaîtrai en troubadour de l'extravagance, ma vielle sous le bras et ma souffrance dans ses cordes.

J'acclamerai les magiciens du paradoxe dans le tintamarre des étourdissements, au cœur de mes impuissances.

Je suis leur représentation et leur clown.

Ma nonchalance insensée s'abrite dans mon imagination. Mon identité mâchouille la composition, je suis la nourriture et la panse qui la contient.

Ils se traînent sur les terreaux du monde des créatures qui m'inondent de venin et je les loge à mon cou en une écharpe de glace.

J'écris l'invérifiable, tout est vrai, je le crois, je suis entre les deux.

Écrire, mentir, il n'y a pas de différence.

La bonne parole plongée dans la banalité du geste qui déclenche l'action, tumultueuse, irréfléchie, qui se déchaîne devant son obligation d'exister.

J'agaçais la peau fripée des lézards, ils n'avaient pas peur de moi. Je collectionnais leurs queues de préhistoire, je pouvais puisqu'elles repoussent.

Il paraît.

Les pierres se noircissent sous la respiration, les murs éclatent en perfidie et le sable s'écoule en poussières pitoyables, les nuits se nourrissent d'inconcevables prétentions, et se masquent d'un voile que des colombes éparpillent et engagent dans les profondeurs de l'inavouable.

Obscurité indéterminée et dédaigneuse, impossible, où brûlent les derniers instants des cités naufragées. La chute des ténèbres effacera mes frayeurs et m'escortera dans les brumes du matin.

Je suis atteint d'optimisme et je m'attends parfois à croiser l'émerveillement.

La tête hors de l'eau je gobe et je recopie à l'envers, je m'attribue une nouvelle identité. Trempé dans le déguisement, je trace des bouts de paragraphes sous des lignes parallèles, pour me repérer.

Je secoue ce tapis de rails jusqu'au dérapage de mes étourderies et, en conclusion, il se dessine des mots en italique qui me ressemblent.

— *Faut-il intervenir docteur ?*

— *Nous ne devons pas. Il est trop loin de nous.*

Donnez-moi de l'espérance et je vous guiderai aux côtés de routes protégées par l'hystérie, je détiens cette clé que vous cherchez en vain, cette tige de fer au bout de laquelle se cramponne le développement de mes lésions.

Je suis un acte de la création à reconstruire sur les matériaux d'une providence introuvable.

Je me vautre dans une suffisance édifiée pas à pas. Je détourne du distributeur enlisé mes confessions, leur appauvrissement menacerait ma détermination à persévérer de vous écrire.

Des amertumes marinées dans la vase s'épanouissent, semblables à des épines étincelantes de méchanceté, je saigne mes mains contre les ronces, à l'heure où le jour se transforme en volupté et convie la déraison à l'outrance.

J'étouffe mes angoisses sous les algues vertes, j'en apprends comment attacher les vaincus aux grilles de la contestation et solidifier les chaînes du sacrifice.

Je glisse sur des radeaux charpentés par des déesses inaccessibles, dont l'incandescence éclabousse les souterrains du centre du globe.

Au milieu, dans la fange, des protubérances étincellent des malfaisances. Je suis l'une d'elles, féroce, phallique, exorbité de fureur.

Je tourne le dos à ces éclats de verbe, qui conjuguent les beautés solitaires. Je m'agrippe et je fatigue les mots impitoyables dans des phrases sans oxygène et sans virgule.

Le bois vermoulu s'effrite et se disperse dans cette ouverture maritime où les sirènes espèrent mes caresses entre leurs écailles à fleur de peau.

Les rengaines préhistoriques s'insinuent entre pots de confitures, calendrier de la Poste, et terrine de pâté trempée dans l'eau tiède pour favoriser le décollage.

Prisons de verre et de casseroles, suspendues à des patères en plastique rouge et jaunes, fixées sur les carreaux mosaïques fuchsia de la cuisine.

Mon image agitée, plongée dans la flaque, me renvoie à ces destins fabuleux qui me démolissent d'une attirance absurde. Les caravelles sillonnent les mers et s'orientent sur des cartes aux contours effacés par le sel, il n'existe que de la transparence, accoster sans ports, se reposer, « pisser dans le vent et se rincer les dents ».

Je change le mensonge.

Je dérange la vérité.

J'ai logé de la démence dans l'encre de la plume, de nuance violette et rouge, je veux me maintenir visible.

J'ai rencontré ce bruit qui s'attardait derrière mon dos, j'ai disloqué l'écuelle qui retenait mes soirs nouveaux, j'ai vieilli mon enfance sur des escaliers de pierres où se développaient de mauvaises herbes, je suis l'une d'elles, mortifère, charmante et fanée.

Je me nourris de ces masques de feu, ils se déchirent et sèment le sacrilège dans ma pensée.

La terre séchée, craquelée par les brûlures de la folie, gourmande, elle tend son assiette vide, elle se ressert une part d'innocence, en cachette.

Mes rêvasseries déréglées, hors des sentiers balisés de recommandations, je longe une route criblée d'interdits et de malveillance.

L'incohérence des mots gesticule en dehors de ma reconnaissance, ils ont une signification désordonnée, ils trompent et se protègent à l'abri de mon consentement.

Il manquerait que l'on me devine, que me resterait-il à vivre si je devenais réfléchi, si je m'asseyais dans un fauteuil de vraie vache.

L'encre pleure, ses pulsations sont rapides, les papiers de la chambre conservent des couleurs et des révélations déchirées sous d'épais mystères.

La vie se putréfie par l'intérieur et se prolonge sur la surface d'une peau grêlée de furoncles variqueux.

C'était avant mes fréquentations d'infirmerie, les convulsions ont suivi.

Je consens à plonger ma mort dans la mer, l'ecu qu'on y avale est de l'air pur.

V

J'ai lu cette lettre, elle ne m'était pas adressée, elle n'appartenait à personne.

C'était des années après sa disparition.

Mon père écrivait :

« C'est ma raison qui a été atteinte, je me suis égaré dans des mondes masqués, j'ai suivi les instincts aveugles des charognes, je me suis badigeonné de ce pelage sanguinolent de la bête abandonnée à des repentances hallucinatoires.

J'ai été charpenté par les cruautés du hasard, ce n'est qu'une partie de moi, je suis manipulé par la nébuleuse hérédité qui se révèle crapuleuse.

Le matin notre section avait échangé des coups de feu sur des ombres vives et entraînées à cette guérilla des plaines et montagnes.

Un groupe de rebelles se faufilait entre les crevasses des collines, jusqu'à pénétrer dans une case située sous les baobabs à l'entrée du village.

Ils étaient six, armés et résolus à se défendre.

Suite à mes conclusions, l'état-major nous a transmis la directive d'attaquer et d'éliminer cette bande de terroristes.

Nous avons manié les lance-flammes afin de détruire la moindre parcelle de cette habitation légère.

Nous avons entendu des cris de femmes et des hurlements d'enfants.

J'ignorais qu'il y avait des mômes.

Trois personnes jaillirent de la spirale embrasée, Lydia et deux gamins, ils étaient des torches titubantes sur les secondes d'une épreuve qui conduit aux chemins de l'enfer.

J'ignorais qu'il y avait ma fille.

Les corps chancelaient, les gosses s'écrasèrent au sol et continuèrent de se consumer dans une fumée d'épouvante. »

Ma sœur face à son père dans une grimace d'effroi, il a vu ses vêtements se liquéfier sur sa peau où le sang en ébullition achevait d'ouvrir ses déchirures.

Cloques oppressantes qui s'écoulaient dans les veines enflammées de la chair devenue brasier, torche immonde, impénétrable, insoutenable.

C'est de ma sœur que je parle, de cette sainte assassinée par son père, par le mien.

Qui dicte ces lois ?

Qui sont ces décideurs de l'extrême, comment peuvent-ils continuer de vivre ? Ils urinent sur leur conscience des fistules de haine, leur nourriture quotidienne.

Je n'oublie pas l'inconcevable, je me cramponne, je me mens.

Mon père ne savait pas, il n'aurait pas été capable, nous étions ses enfants.

C'est une erreur, ce n'était pas lui.

Il ne voulait pas tuer sa fille, ce n'est pas elle qui était visée, ce sont les circonstances, la cruauté du destin qui a modifié la carte du jeu. Ma sœur ou une autre ne détourne pas la bestialité de l'œuvre, elle couvre la douleur d'un voile différent. Le sang consommé ne pardonnera pas à la terre de s'être abreuvé de cet anéantissement.

Lydia s'avance dans une plainte silencieuse, deux branches lézardées de rouge, léchées par les flammes de l'esprit du mal. J'étais manquant à ce cauchemar, ma révolte est intacte, inassouvie, étouffée, mais violente.

« La carcasse embrasée de ma fille a marché vers moi, ses bras se sont détachés et ma gorge s'est boursouflée de terreur.

Face à moi, le tronc déchiqueté, écartelé, crevassé.

C'est un jaillissement de la monstruosité, elle ne pouvait pas me reconnaître.

C'est impossible.

Je l'avais incendiée, brûlée vive en continu, je me suis rapproché d'elle, dans le dépassement de l'abominable, et j'ai envoyé un dernier souffle de mort, aux fins d'absorber sa souffrance.

Des jambes et des mains désunies en morceaux de braises et mâchefer se mélangeaient aux cendres du carnage.

Les yeux ouverts, je regarde de côté ce que je suis : une pourriture aux cheveux courts, à la peau lavée et aux dents saines.

Le sang servira de semence, demain oubliera ces matins qui se lèvent en deuil. Les pluies enfouiront les odeurs et les cultures de la saison prochaine recouvriront l'abjecte oraison d'un champ calciné par l'extravagance. Les mots se décomposent dans ma brutalité, aucun ne prononce correctement les soupirs qui somnolent au fond de moi, tout est propre, sans faux pas, seul le comportement de la violence connaît l'étendue du mensonge, je suis une impardonnable raclure répugnante et sordide.

Une silhouette carbonisée et rabougrie, constituée d'os incinérés, se trouvait à la pointe de mes chaussures. Amas difforme et repoussant, gélatine gluante infectée d'extinction, des orbites pétrifiées dans une interrogation, transpercée d'un calvaire à serrer les tripes.

Je fixe la potence sous une tiédeur sans ombres, je me ligoterai les cervicales à la branche de cet arbre qui domine la vallée qui m'a vu ressembler à un homme. Les jours attendront que ma dépouille soit desséchée et couperont cette corde d'où s'étalera cette contamination piteuse sur la noble terre de la vie.

J'identifie ce que je suis devenu.

Je garderai cette confession dans ma poche, elle résistera aux infâmes destructions.

VI

Quand j'ai lu cette lettre, j'étais en prison suite au meurtre du sosie de ma surveillante de cantine scolaire, celle qui m'a dégoûté de manger du foie.

Pourquoi avait-elle conservé ses bigoudis, pourquoi avait-elle le même regard que la tenancière de mes vertiges ?

Sans les bigoudis, elle serait vivante.

Mon entrée à l'hôpital de détention m'a contrarié, je parle de mon inscription à temps plein et embastillé sans sorties programmées et justifiées.

J'ai pensé furieusement à cette confession laissée par mon père, testament amplifié de remords d'une damnation à exécuter sans jugement.

Il a tué sa fille, ma sœur, condamnation mortelle et diabolique.

Tu n'éprouveras pas l'enfoncement nauséeux de ces gouffres où tu nous as broyés ni le goût nouveau de ta salive, ce filet de vie croupi dans ta bouche où s'engouffrent les dégueulasseries furonculeuses que tu as provoquées.

Recouvrir de douleur sa fille, la dévêtir dans les brûlures de l'abomination, de l'erreur.

La peau qui se gonfle, qui éclate dans les bulles carminées de l'outrage, et les os qui saignent sous la chair qui se retire. Le questionnement des yeux qui pleurent des larmes de feu, la chevelure avalée par l'odeur du crâne qui suinte l'engloutissement.

Je suis ton fils tu es mon père, un déchet purulent de violence, une immonde vermine dont la mort ne s'est approchée que bien tard de ta méprisable personne.

Avait-elle peur de toi ?

Tu n'as pas survécu aux assassinats, tu as terminé ta fuite dans le suicide, moi je résiste, je suis là par ton action inconsciente. Je suis dans des méandres sans retour, tachés d'ignominie et souillés d'infamie.

Je suis une construction squelettique sur laquelle s'est déposée une léproserie qui me ronge la moelle. Je suis un esprit et une écorce qui se pourrissent de l'intérieur.

La calcination crépite, elle s'empare des vêtements, elle est une vagabonde destructrice, dépravée, cracheuse d'obscénité, elle danse et elle s'enroule autour de sa victime, la lèche de gourmandises happe les contours de sa vie qui disparaissent.

C'est le grincement de l'ignoble, le ruban rouge qui racle l'indécence des corps, puanteur des organes attisés. Ce n'est pas une branche d'arbre qui se casse, c'est un être qui brûle, déchiqueté, inutile.

Il s'agite des moignons décapités, des jambes pendantes ou détachées, des chicots d'os brunâtres, cuits et desséchés de leur sanglante vie, certains ont fondus ou se sont ressoudés, en vrac, en tas d'indifférence.

Une araignée échevelée se présente de temps à autre devant mes yeux, elle tisse de la dentelle et dérange la direction de mon battement de paupières, elle me ressemble, une créature endommagée, peu commune.

Je m'habitue, c'est tout.

Je suis interné, c'est le mot, je suis une victime, je suis le résultat de dégâts marginaux, je protège les murs de mon cerveau.

Non, c'est faux, je suis le mal.

C'est de là que je viens, là où les lacs aux eaux ferrugineuses surgissent en fistules sillonnées d'atrocités. Dans ces plaines existent des bois desquels s'envolent des rapaces tenant dans leur bec des bouts de peau ensanglantée.

— *Que pouvons-nous envisager Docteur ?*

— *Attendre. La destruction est amorcée.*

Je suis une question, non, plusieurs, en recherche d'adoption, je suis une exigence, un déguisement, une intimidation, une inquiétude, un passe-temps.

Vous m'installez sur votre réglette graduée qui mesure les altérations de la raison selon vos méthodes, et votre compte rendu déborde de bienveillance, je suis dans une équation trigonométrique détestable à résoudre, un logarithme qui se cogne en données confuses sur les théorèmes de l'impossible.

Vos marmottages sont des erreurs où l'apaisement s'étrangle dans le col de votre blouse, figurines de cellulose perchées sur un berceau de limailles, vous méprisez ce qui se cache sous les brumes du point du jour, quand la tête a mal et que les larmes se retiennent de couler sous vos interrogations ouatées.

Mes nuits sont parcourues par des nationales à forte circulation, des grincements de freins, des cris, mon nom au milieu des lambeaux de ferraille éclaboussée de sang.

Je vois deux enfants, je ne parviens pas à me reconnaître.

Pourquoi moi ?

Je suis dans cet affolement, j'entre dans cette superposition de drames sans en deviner le sens ou la déraison.

J'ai dessiné les extérieurs d'un pays, des traits qui se tiennent en courbes le long de la mer et zigzaguent en traverses de montagne, un pays de rien, sans ouvertures, sans animaux, sans chien. On y déniche des maisons et des arbres qui sortent des fenêtres, des branches remplacent les portes et les feuilles sont les assiettes où sont posés des repas de pommes épineuses, c'est une région faite d'un coup de crayon sur une chimère de papier.

Je m'empare du n'importe quoi de mon imagination, sans cheminement précis, j'improvise ma désolation, c'est ma façon de pleurer.

Je regarderai mourir les solstices dans les vagues, je croquerai le moment qui se termine en illusions trépidantes, je traverserai le centre de l'impossible et ne glisserai plus sur les cascades de cailloux qui tapent et s'accrochent à mes dérives subliminales.

Je m'essuie sur le devant de ma chemise, je m'empoisonne de gras, de jus de légumes, de poissons pas frais, de fruits, de vilaines figures. Je suis un être huileux, rougeaud, dégoulinant de manières infréquentables. Je change mes sujets et me rattache à des images paisibles, fleuves enjôleurs et rases campagnes fuyardes, et mon esprit en modifient la forme et les intentions, il les transforme en résidus qui flottent sur des rives où le chiendent se rouille dans des puanteurs de viande en décomposition.

La peau se détache en fistules émaciées et le ciel glousse de ce spectacle où les humains mâchent la pourriture de leur corps. L'écriture s'efface, elle se courbe impitoyable autour de ma main et griffe la page de mes phantasmes.

D'elle à moi, nous sommes une ligature parfaite, une même entorse inguérissable. Je pilote la rédaction du livre, je m'y autorise toutes les variations, je longe des idées qui se décortiquent en paillettes que j'assemble au gré des machinations et de mes agitations. Je mens discrètement, je reste dans les limites de ce jeu, ne pas inverser les lueurs de la nuit. Je m'avachis dans l'imprécision, dans le refus des bonnes singeries, dans les embarras qui rendent féroce votre impuissance à me soigner.

Une pile d'années posées sur la marche haute d'un escalier est tombée, des feuillets de ma vie dans un agenda bon marché, des regrets qui n'ont pas de prix. Je déchire la journée, je ne lui laisse plus le temps, je prends l'initiative d'en raccourcir la durée, je suis pressé.

Je n'aime pas revenir en arrière de crainte de corriger, de rayer. Je réclame un destin sans achèvement du passé, sans ratures, un arrêt brutal.

Elle a posé son coude sur le rebord métallique de mon lit, ses cheveux bruns se tenaient serrés par le côté avec une barrette de grand-mère.

Alwina est là, c'est elle qui m'a dit son prénom.

Elle a connu ma sœur.

Son prénom me plaît, il chante les froides plaines, il se dissimule dans de secrètes mémoires où se rencontrent les princes, les manants, les duchesses et les voleurs.

Les malades mentaux.

Je suis l'un d'eux, cédé à mes rêves désordonnés, désespérés. J'empoigne des promesses, je les redistribue aux pauvres de l'esprit.

Je ne suis pas comme eux.

Je suis fou moi.

Je sais quand les mots se taisent, je n'ai pas d'apitoiements, je les recueille, je pleure, j'ai besoin d'être écouté sans interruption sans jugement, sans analyses.

Le temps s'égaille en gouttes de transpiration collées à ma peau vieillie et clairsemée de lendemains incertains. Les bruits me rassurent par leur frivolité et étrangeté, ils sont des points qui suspendent la réalité, ils me protègent de l'insolite.

Alwina était la patience, pas moi.

Nous nous sommes revus, une fascination curieuse, provisoire. Nos discussions étaient désunies, c'était de ma faute, je crois.

De qui suis je désaxé si ce n'est de vos présences empressées et boursouflées, qui s'empotent sur mon cas de conflagration livresque. Vous profitez de mes dépravations, je n'ai pas la démarche de l'effort, distinguez que j'accepte de lécher vos médicaments.

D'où grandissent ces acouphènes ravageurs ? Ces bestioles qui se coursent dans mes oreilles, elles se transforment et s'installent dans mes alvéoles de cérumen qu'elles piétinent de leur indiscipline et me transfigurent en parasite auditif.

J'ai supprimé une chauve-souris, elle s'agriffait derrière un vieux mur effondré, vulnérable. Je lui ai balancé des cailloux, prisonnière de ma domination irresponsable, je l'ai lapidée, écrasée par mes jets de pierres en ricochet.

Je me suis destiné au service de l'ange noir, il est entré dans mes pensées, dans mon jeu, dans mes veines et vertèbres. J'ai décidé que j'étais méritoire de cette promotion, le rôle de larbin de forges de l'au-delà ne me correspondait plus.

C'est l'éternité patiente du maître qui me séduit, me loger devant le bûcher, ce théâtre de pouvoir et de crainte.

Je suis le Dignitaire salvateur qui écarte ses bras de la panoplie bigarrée du monde, je suis un seigneur, le *pantocrator* et vous êtes les victimes rampantes des hasards que je vous prépare.

Demain sera d'un sombre profond.

À l'instant où je m'installais dans ce nouveau talent, je me suis retrouvé entouré d'un millier d'oiseaux au regard cruel, aux aguets, ce grillage de chiffons rigides et osseux me repoussait au bas de mon enclume.

C'est à cet endroit que je me réactivais en pleine conscience de ce qui venait de se passer, un réveil misérable et sans oubli.

Je me devais cette contrainte douloureuse de donner l'exemple.

La dignité du grand sachem cornu me convenait, je ne dérobais pas son identité, j'étais lui.

Les portes carminées se rabattaient et j'invitais mes déesses à s'accoupler à mes pieds. Les corps nus se renversaient sur des lames écarlates et je buvais le sang chaud qui coulait de leurs vertiges.

J'ai fermé les volets et dans le creux d'un moellon j'ai repéré une chauve-souris qui ricanait, les dents saignées sortant de sa bouche.

J'ai mal sous mon front de ces matraquages insolites, de ces convulsions de la création.

Je suis recroquevillé sur le lit, la figure à proximité de mes jointures, je suis fauché sur le côté droit, si je veux pivoter à gauche, j'appelle. On ne me conteste jamais un changement de position, quand c'est long je hurle, il y a une corde et une planche qui me maintiennent dans cette posture, face à l'entrée.

Il y a deux sangles abdominales fixées à ma couchette,elles me contiennent sans vergogne. Je suis le spectacle de la démence qui résiste, je suis un combattant de l'extrême.

C'est la punition de mes ravageuses croyances et de mes actes manqués, je suis en rupture thérapeutique.

J'ai démembré cette femme en plusieurs secousses, elle était grosse et mes hachoirs étaient petits.

C'était une action spontanée, un coup de cœur putride, je n'ai pas eu d'atténuation de ma peine. Ils m'ont emmuré, je ne guérirai pas, je finirai en boule, tout le temps.

Ils le disent.

J'ai souffert, je n'ai pas toléré de la trouver immobile sur la bordure blanche de mon caniveau.

Elle me guettait en face de son magasin, un balai à la main, et l'autre sur la hanche.

Elle était l'épouse du boucher, elle m'a demandé si j'aimais le foie de génisse. Elle n'aurait pas dû m'évoquer la cantine d'autrefois et ce garde-chiourme de cuisine.

Je n'ai pas supporté l'idée.

Il n'y avait personne dans la boutique et la table de travail était dégagée, propre et prête à l'emploi.

J'ai culbuté la femme sur le billot en enfilant mon bras entre ses grasses jambes, je l'ai assommée et j'ai pratiqué une découpe vaginale dans le sens de la longueur. Elle a crié sans jouissance.

Des curieux sont entrés et ils ont eu peur, ils ont appelés la police.

Quand on m'a arrêté, le cadavre se séparait en deux, un sein rougeâtre s'écrasait en chair flasque et le sexe éventré se cintrait sur le bas des fesses. La cicatrice définitive était franche et n'encourait pas l'infection. J'ai regretté mes gestes assassins, mes tourments rédempteurs d'écolier frustré par une portion d'abats.

Je suis un malade sans circonstance atténuante.

Qui peut savoir mes errances diaboliques, mes pensées malsaines repliées, resserrées, prête à exploser à la moindre étincelle.

Il y a de la terre sous la cendre, de la vie sous la poussière des morts.

J'ai revu Alwina, dans le parloir, sorte de cellule abritée des possibles agressions de la déraison.

Alwina anime la conversation, moi je n'ose pas, c'est elle qui a marqué la distance.

Alwina est hors de portée, elle m'observe quand elle me parle, il existe de la destruction dans son visage, des rides d'inquiétude et de dégoûts.

J'ai senti qu'elle essayait de me déchiffrer, dans son regard plaintif s'enracinait une force douloureuse qui m'apprivoisait et me poussait au silence.

Il m'arrive d'être incompréhensible, des phénomènes difficiles installent ma souffrance en dehors de l'accessible. Les mots me soulèvent dans des ellipses d'écritures, qui enveloppent l'irremplaçable. Je refuse toute confrontation et je laisse mes phrases se retourner contre moi à gémir des vérités irréalisables.

— Vous écrivez Paul, les médecins vous l'ont commandé ?

— Ils se figurent que c'est inoffensif. Ils ignorent la fermeté de ces avalanches de mots qui percutent la personnalité. Ils seraient effrayés de contempler la noirceur dévêtue de la lumière et la façon que j'ai de l'utiliser. L'écriture m'inflige son indépendance, je ruse, j'esquive ses obsessions, je me calme, je m'enchaîne, elle est proche de moi, elle se superpose à mes envies, je partage ses victoires et pleure mes défaites, je m'enfonce dans sa témérité, dans son imprudence, dans sa force, et ma timidité pointe au grand jour cette part de moi qui lui ressemble. Vous savez, Alwina, c'est mon empreinte, ma façon de passer d'un jour à l'autre, de me risquer dans la solitude ou d'entrer dans la foule. La ponctuation et la respiration se saccadent, attentives, précises, elles se réinventent en signes calligraphiques, esthétiques et grandioses. Des confidentes impatientes, appuyées sur le retour de ces embrasements où, sans se mouiller, elles traverseront les arcs-en-ciel du monde, plus tard quand la terre aura oublié les blessures. Je suis seul, je suis eux tous, je suis un vocable craintif, timide, une hésitation imprudente. J'appartiens à mon écriture, c'est elle qui façonne mes incertitudes, elle en prescrit le contenu et m'oblige à la servir, je suis soumis aux pieds de ses exigences. Je suis elle.

— Et demain Paul ?

— Non Alwina, ne me parlez pas de demain.

— Vous n'imaginez rien ?

— Je n'imagine rien, j'interprète avec les chaos qui m'envahissent depuis si longtemps. Je suis le petit Poucet, j'empêche les pierres de tomber de ma poche, chacune escamote une face destructrice, prête à se jeter sur moi. Je ne souhaite pas regagner ce chemin où mon passé traîne ses énigmes. Je rampe dans mes veilles à la recherche de la première porte des songes, je prends l'hésitation de travers, je m'applique à ne pas transformer en méchant rêve ce qu'il me reste de temps endormi. Les ombres se promènent sur les murailles et amorcent des vols entre lune et étoiles, l'obscurité épaisse se coule sur mes mains que je ne regarde plus. Elles deviennent violacées et mes ongles nécrosés tombent sur la nappe blanche d'un monde qui me tourne le dos. Des formes gigantesques se tapissent dans les coins sombres, prêts à répondre présent au moindre signal.

Elle a de la pitié, elle qui a traversé les chemins de l'horreur, elle que le destin a commotionnée dans sa chair.

— Écoutez-moi, Paul, c'est grave et c'est important. Cessez de gesticuler, regardez-moi, ce que je dois vous dire est délicat.

VII

Je suis dans les colères de l'ignorance, je repousse l'effort de m'en sortir, l'idée qu'on sait de moi est fantaisiste. Les paroles s'épuisent autour de moi, je détaille, je déraille et je deviens sourd, je cours dans un labyrinthe de sons, les haies sont vertes sous des halos de lumières verticales, je respire une fin de journée qui s'efface dans des sonneries de cathédrale.

Les gargouilles me chassent, elles me représentent coupable de châtiment à l'immortalité désorganisée. Je suis leur vampire, elles ont une descendance plus douteuse que les histoires qui se travestissent sous les légendes, à l'allure bâillonnée, dans l'attente du pourrissement.

C'est l'instant où la vie s'héberge dans une rivière d'espérances emportées par un courant aux couleurs tamisées de secrets.

Au loin s'aperçoivent des silhouettes de phrases qui se reflètent près des ombres de la pointe de l'aube, et tu vois ces étranges difformités hanter les barreaux de tes nuits, tu exploses les ampoules féroces et menteuses, les mots sont incapables de se taire, ils se changent en illusion et tu refermes ta main sur une inaccessible promesse.

Je marche jusqu'à l'éblouissement, je monte ces échelles qui escaladent les nuages et retombent en culs-de-sac, malades, appuyées le long des enceintes de la monotonie.

C'est à moi d'en former la périphérie, et de ne pas esquiver la poignée, ne pas s'enfermer dans un détestable regard.

Quelle est la mauvaise exposition de mes rêves ?

Ma vie est une délicieuse exterminatrice du sommeil, elle cultive les insomnies, il n'est pas nécessaire d'en modifier la trajectoire, seule elle transporte à chaque instant la matière de son engloutissement.

— *Son incohérence s'accentue Professeur.*

— *Oui, il précipite ses idées, son esprit va plus vite que son écriture. C'est une fuite, on ne bouge pas.*

Magiciens ébouriffés de l'indéfinissable, vos corps sont oppressés de noir d'où se répandent dentelles, guipures, franges, joyaux mystiques et mystérieux, croque-mitaines de tragédie qui n'ont pas à se couvrir du masque du mensonge.

Je suis eux, à tour de rôle, je suis le pentacle, je symbolise la perfection et l'harmonie.

Le signe du Diable se cache dans la poche de Satan, sous une croix où brille la sculpture d'une sorcière.

De ce façonnage parfait, il est concevable d'élever le pas dans une dimension divine, infernale.

Je me suis écartelé dans une figure géométrique, je pousse mes bras et mes jambes, j'augmente l'étendue de mon pouvoir et ne brave que la tromperie.

Les étoiles s'éteignent devant mes convoitises, elles déplacent des années-lumière et elles évitent de me bousculer. Les nuits périlleuses s'insinuent, elles se collent à mon tissu primitif et me transpercent d'un horizon que je ne rattraperai pas. Elles me rassurent, me bercent et brisent les morceaux égarés, je m'engage, et je sens l'aveuglement me guider loin des lumières artificielles où les hommes ne sont que chandelles de cire.

De quels délabrements la mort pourrait-elle me guérir ?

Je me lève le matin dans une démangeaison qui grignote mes sarcasmes, sur le sol je dépose des tranches de peau, tombées la veille d'entre mes orteils pelés d'humidité.

La déchirure du monde comme une déflagration où les rues se déracinent des villes, se fracassent et vrillent les fenêtres et les portes d'habitation.

Il est tard, nous sommes à la fin de la terre, je segmente le ciel imbibé d'agressivité, je le scrute au-delà des limites de la provocation, rien ne se passe. Comment s'effectuera la sélection, qui m'apprendra ce que je suis et ce que je mérite. Je parle, je supprime, démonte les objets métalliques, je les gauchis et les casse, petit je tordais des pièces de mon Meccano en cuillères à soupe, je détestais la soupe, j'élevais dans le frigo des araignées enfermées dans un pot. Je suis généreux, de la tête aux pieds, sans défauts désagréables.

Je suis capable de tout.

Je marcherai sur les cendres des nuages quand le soleil aura picoré les perles de pluie qui l'entourent. Je resserrai mes doigts sur les univers de mon imagination et je pleurerai leur destruction sur les autels de la méchanceté.

Je dirigerai mon astronef à la pointe cardinale d'une étoile, je la regarderai se transmuer en créature au visage inondé de chaleur et de sueur.

Mes yeux dans la vitre, à jouer la peur, distancer la schizophrénie, là où la conscience ne se retrouve plus, j'y suis presque.

VIII

Alwina disait que Lydia était douce, téméraire, qu'elle avait du caractère.

Ma sœur avait parlé de notre père à Alwina, elle lui avait confié que c'était éprouvant de suivre la fuite de cet homme.

Auprès d'Alwina je la retrouve, j'en réinvente les traits, mais le doute m'installe des images qui me déstabilisent. Je suis dans les glissements, les situations, les évènements me précèdent.

Alwina est-elle réelle ? Elle a un garçon de cinq ans, il est joyeux, il ressemble à sa mère.

Je les ai vus tous les deux dans une complicité exigeante.

Alwina me secoue, me force à la regarder :

— J'ai connu votre sœur.

— Oui.

— Il existait entre Lydia et moi des relations personnelles et intimes.

— Que voulez-vous dire ?

— Nous étions amantes, Paul. Ça vous ennuie de l'apprendre ?

— Non, elle a donc eu droit à un peu de bonheur.

— Oui

— Alwina, parlez-moi d'elle.

— Je ne peux pas.

— Des mots, des instants uniques.

— Tous nos instants étaient uniques. Ne le prenez pas mal, c'est une histoire entre votre sœur et moi.

J'aimais cette idée de rapprochements de femmes, que cela soit arrivé à Lydia, à ma sœur.

Elle le méritait.

Être ensemble, loin de la médiocrité qui traverse les époques.

C'est la réunion de volontés de tous les défis, d'une résistance à l'épreuve de la méchanceté et de la calomnie.

Lydia, je suis dans ce combat, je ne te reproche rien, toi qui as perdu le tien dans une guerre qui n'était pas la tienne.

Je te connais si peu, j'avais les yeux fixés sur mon avenir incertain, j'étais dans mes préoccupations sauvages et égoïstes. Je suis resté à distance de toi, de ce que nous aurions pu nous dire.

Je suis ton frère des premières heures, l'ombre de ton étoile épouvantée de barbarie.

Je ne suis pas un menteur, je suis ce que l'hypocrisie retient de moi, une panoplie transparente et fripée éclaboussée d'injures que je ne mérite pas.

— Quels ont été vos désirs Alwina, ces passages qui construisent une vie, que l'on déchiffre sur les jours qui fuient ?

— Je ne me suis pas mise en risque, Paul. Je me suis placée sur des lignes expérimentées, le destin s'est chargé de les contrarier. Je n'ai pas sangloté, je n'avais plus de larmes.

— Pourquoi cette attirance ? Ces pays sont dangereux, impossibles.

— Les gens, c'est la seule réponse.

— Ils sont différents.

— Ils le sont, ils ne possèdent que leur misère.

— Paul ?

— Oui.

— Ce n'est pas facile, Paul, c'est à propos de votre père.

— Je vous écoute.

— Il était trafiquant d'armes et de drogue, il consommait naturellement des deux, en plus de son activité militaire. Je l'ai découvert par hasard.

— J'ai lu sa lettre.

— Paul, l'enfant qui est à mes côtés est mon fils.

— C'est bien qu'il soit avec vous, vous êtes sans aucun doute une bonne mère.

— C'est mon fils, Paul.

— Oui, j'ai bien entendu, Alwina.

— Non vous n'entendez pas, la vérité peut se montrer repoussante.

— Ne pleurez pas Alwina.

— Paul, cet enfant est la conséquence d'un viol, un soldat ivre, protégé par la guerre, irresponsable.

– Alwina.

— Paul cet enfant est mon fils et c'est votre demi-frère.

— C'est mon père qui...

— Oui, il était entre narcotiques et alcool, impétueux et d'une grande force bestiale, il était dans l'inconscience, aux portes de l'amnésie, plus loin que l'inhumain. Il m'a demandé d'avorter, j'étais plongée dans une effroyable dépression et je me suis retrouvée incapable de prendre une décision. Et puis, il a été tout simplement trop tard, l'enfant et moi avions créé un filet d'existence qui ne supporterait pas la séparation. J'ai contourné, je me suis sauvée, mais en Centrafrique les informations voyagent lentement sur les pistes, mais elles parviennent toujours à vous rattraper. Il m'a menacé de le saisir et de le livrer à des missionnaires, d'effacer les traces de ses infamies. Je suis partie et j'ai changé de région.

— Pour quelle raison ne pas être revenue en Europe ?

— Avec l'enfant, je ne pouvais pas. Je me suis retirée à Démoda, il était dangereux d'y demeurer, j'ai circulé, je suis passée au travers de mouvements armés.Il y avait eu d'autres sauvageries, d'autres morts, j'avais constitué tout un dossier sur lui et son équipe. J'allais transmettre mes conclusions. Il avait peur que je détruise son futur de militaire, il a évité les sanctions, il a démissionné, il ne me l'a pas pardonné. Il est allé rejoindre les troupes de mercenaires.

— Alwina.

— Non, Paul, je dois m'écarter de vous.

— Pourquoi ?

— Vous êtes gentil Paul, en déséquilibre, vous dépendez d'une histoire qu'il me faut oublier.

— Je serai son oncle, son cousin, son grand-frère.

— Vous êtes une victime.

— Je n'ai plus personne, Alwina, j'ai tout perdu, ma mère, ma sœur, et cet homme croisé dans un mauvais rêve et qui se balançait au bout d'une corde : mon père. Ma vie a été une diapositive gondolée, un endroit où la lumière ne s'est pas imprimée, une mise à l'écart, un oubli dans une chambre obscure. Alwina.

— Non Paul, j'ai pour ma part déchiré la photo.

— On ne peut pas s'échapper de son passé.

— Je sais Paul, mais on peut s'éloigner de ce qui occasionne le mal.

— Je suis le mal ?

— Oui, Paul, ce n'est pas votre faute.

— Je n'ai pas de violence Alwina, on me soigne.

— Oui, Paul, mais elles sont extrêmes et imprévisibles.

— Vous ne voulez plus me revoir.

— Jamais, ce sera bien assez difficile.

— Dites-moi ce qui sera difficile.

— Mon fils, Paul.

— Eh bien ?

— Regardez-le !

— Ne criez pas, Alwina.

— Je crie, il vous ressemble. Il est malade Paul. Il est l'héritier de la souffrance et de l'ignominie de son père. En lui circulent les germes de la folie.

— Un air de famille, cet enfant est le vôtre, il guérira. Ce n'est pas un monstre.

— Pas encore.

— Mais c'est votre fils.

— Lydia m'a raconté votre histoire.

— Mon histoire est simple.

— Paul, c'est compliqué.

— Expliquez-moi.

— Paul, vous aviez une seconde sœur, elle s'appelait Mélyne. Ça s'est passé le jour de vos sept ans, à votre anniversaire, elle avait presque quatre ans. C'est Lydia qui m'a dit, elle le tenait de votre mère, Lydia a peu connu sa petite sœur Mélyne.

— J'ai peur du son de votre voix.

— Vous étiez en ville à vous promener tous les deux. Mélyne ne vous quittait pas, vous étiez son prince, son cavalier, elle vous emprisonnait la main et sautillait sur le trottoir. Elle s'est écartée de vous, elle a regardé des jouets dans une devanture de magasin, vous l'avez laissée à son émerveillement et vous êtes passé de l'autre côté de la route. Mélyne s'est brusquement aperçue de son isolement, elle a paniqué, elle vous a appelé. Vous l'avez entendue, et vous lui avez lancé un signe, elle s'est précipitée dans votre direction. Paul, elle a été renversée à deux pas de vous, elle est tombée à vos pieds.

— Je rencontre cette image dans mes yeux.

— Un drame, Paul, que vous avez repoussé loin de vous.

— C'est de ma faute si elle est morte ?

— On ne doit pas dire cela.

— C'est pourtant comme ça qu'est la vérité.

— La vérité se cache dans les recoins de votre mémoire.

— J'ai tué ma sœur, j'ai commencé par elle.

— Paul, taisez-vous.

— Ensuite, j'ai rectifié cette femme sur la planche à découper, cette concierge de boucherie.

— Ne parlez pas de la sorte.

— Je comprends les prostrations de ma mère.

Des déductions à s'alarmer forcent mon écriture nocturne.

Les heures qui suivent accentuent la noirceur de ma nuit qui n'a pas besoin de cette surveillance.

Mon obscurité s'intensifie, je me déshabitue à vivre.

Ma petite sœur, c'est elle l'ombre qui m'accompagnait et que je ne savais pas nommer, elle ce mirage, ce fantôme de mes insomnies, cadenassé dans une robe à fleurs bleues et jaunes.

Elle est dans sa joie, elle avance et court à ma rencontre.

J'ai froid, j'ai peur.

Elle traverse et l'énorme masse d'acier la renverse et la brise sous ses roues.

Le corps abîmé dans l'abandon du sourire, sous des yeux fixes et définitifs.

C'est dans ma nuit que Satan compose, il me souffle, sans forcer, des phrases oubliées au lever du jour.

Je me lève et j'écris dans le noir ce que j'entends, je ne dois pas assagir cette part de moi qui se dissimule.

J'écris mes dérives, celles qui se posent dans ma tête, qui divaguent sur des océans tendres et cruels.

Je sais la fourberie liquide enveloppée dans ces inclinaisons où poussent les racines de mes extravagances.

J'ai de l'intensité dans ma respiration, je ne me suis jamais amusé à arracher les ailes de mouches, les chauves-souris oui.

J'ai tué ma sœur.

C'était un accident, le mot devrait suffire.

Tuer par accident, c'est tuer aussi.

J'ai jeté des pierres sur les lézards, j'ai sectionné leur queue d'enfants crocodiles et je les ai regardé gigoter comme des éclairs.

Cela m'inquiète, s'ils avaient raison.

Si j'étais malade ?

Si j'étais condamné à exister ?

Je brûlerai les livres, raser toute cette prétention derrière laquelle se découvrent les perversions des hommes. Je prends du retard, je marche sur des pavés égarés dans des géométries déformées par la chute des heures.

Je trébuche au sommet d'émerveillements sans issue, je piétine près des graisses rances, cette nourriture qui nous est proposée et dont les vomissures hachées se métamorphosent en suspensions gommeuses.

Je me méfie de moi, de mes dérèglements qui répandent des simulacres d'existence et s'accrochent à des mensonges indispensables.

Le sol se crevasse de honte, il gémit dans une agonie intensive, j'ai rêvé que tout s'éteignait dans un prodigieux morcellement de flamboiements en fusion. Je désire une explosion avec des lambeaux arrachés à la terre, projetés et entraînés au lointain de la corruption du ciel.

J'affaiblis les continents, je les saisis les bras plongés dans l'onde amère, je les élève, je les étrangle au sommet de ma douleur.

Je suis une araignée patiente, aveugle et souffrante.

J'ai, dans ma toile, emprisonné des visages que je voulais oublier. Il est temps de découdre mes obsessions, de narguer de face ce que j'ai déclenché et de craindre que l'insecticide me foudroie.

L'écriture levée, conforme à un glaive sorti de la forge, me renvoie les couleurs du guerrier.

Je creuse et mes doigts pleurent le sang du deuil, j'insiste, j'écorne mes ongles et les offre en punitions aux légèretés du monde.

J'ai mal de cette amputation volontaire.

Je dégagerai les mots de ces tourbillons surnaturels qui jettent leurs muqueuses pestilentielles, eux ne connaissent que les douces caresses du vent et la fraîcheur de la nuit bercée sur un lit de pluie.

Une étoffe blanche se déplacera le long des galeries recouvertes d'abysses coléreux.

Je suivrai cette algue indomptée et au détour d'une lumière, à cet endroit où le monde se confond, je me retrouverai face à elle.

Une cartouche d'encre rouge, noire, bleue, tangue dans le vide, au cœur d'une plume qui glisse sur le papier.

Je me suis lancé, d'un élan fiévreux et ivre, au-devant de cette imperfection sensuelle, je me suis avancé jusqu'à sentir une brûlure, un apaisement, une fin de voyage.

Je me suis approché et sur sa bouche ourlée de désir, j'ai déposé un baiser, c'est à ce moment que le froid me toucha la nuque.

Je contemple de loin et de haut, ces lignes enflammées qui sont l'espace de mon espérance, l'instabilité de ma raison.

Je garde, je camoufle ce qui me signale, me montre du doigt comme un personnage sans âge égaré entre mondes et chimères, les poings fermés sur les feuilles de rosée qui s'étouffent dans les crevasses.

J'imagine des bibliothèques lugubres et inoccupées, des bouquins retardataires, en attente sur les étagères, à portée de la captivité des yeux.

Les autres ?

Les autres vagabondent, parlent, séduisent, défient et s'enhardissent jusqu'à l'épuisement. Ils reviendront nous conter de longues explorations, la lecture est une traversée infatigable, c'est un espace de collisions multiples et essentielles.

J'ai besoin d'être entouré de ces murs abîmés, protégés de cette manie que possèdent les gens de repeindre propre et de provoquer la disparition des regards qu'hier je portais sur ces parois vieillissantes.

Les destinées ou les détritus m'ensevelissent sous les odeurs de putréfaction, je digère mes portions de vie en bouchées doubles avec appétit. Me laver les dents effacerait tout vestige des saveurs passées, alors je préserve les caries qui retiennent ces infortunes.

Il se maintient des chicots dont je supporte la détresse et leur infection nécrosée me rassure. Je refoule ma bile, je ne dois pas salir de dégueulis les heures qui me restent.

Je veux être baptisé au-dessus des nuages, là où les anges jouent à ne plus croire en Dieu.

Qui est enterré ici ?

C'est moi, c'est moi qui ai creusé ce trou, il n'y a rien dans le cercueil, il est vide. Seulement des soldats de plomb qui s'affrontaient dans un coin d'herbe entouré de coquelicots et de marguerites.

Mon enfance, l'absence, ma vie.

Tout s'arrête, je ne ressortirai pas de cette chambre, j'ai cessé de vivre en extérieur. Je regroupe mes émiettements de pensées, je me concentre sur mon irréalité, je me transforme en bloc de granit qu'aucun ciseau à pierre ne peut entamer.

L'illusion tourne des pages qui se remplissent d'une existence où les instants à patienter sont d'une singularité ennuyeuse. Je serre les dents et m'impose une douleur, ma bouche devient chaude et je sens une terminaison de langue se détacher et glisser dans ma gorge. Je me punis d'avoir mal préparé mon ascension, de me retrouver dans les balbutiements d'une grandeur sans rutilance et sans avenir.

Je sais la perfidie salivante camouflée dans mes phrases, ces étendues infréquentables sur lesquelles poussent les racines de ma démence. La traversée de ces furoncles est indéfinie, une seconde chance serait capable de me précipiter dans un pus infecté de larves bactériennes.

Je mens, c'est mon exercice préféré, je me suis promené dans la puanteur organique de l'humanité, dans les reflets scarificateurs de ma monstruosité. Je m'engage en clandestin et sillonne la vie avec des mots et sans un regard.

Chacun bouscule à son avantage.

Quel avantage ?

Les parois se resserrent et mon front s'écrase.

Je partirai, je franchirai ces escarmouches, je m'élancerai dans la nuit, rejoindre dans mon passé les heures fourvoyées.

Ma jeunesse d'avant.

Avant de perdre mes deux sœurs, ma mère, mon père.

Oublier, l'insupportable.

Les évènements soufflent sur moi en déchirure et me maintiennent appuyé contre la terre.

— *Docteur...*

— *Vous pouvez attendre, ce ne sera pas long.*

Je plonge mes mains dans l'inutile patience de la pluie, enchevêtrement liquide de mon entendement, chaque goutte parvient à emprisonner et protéger ce qui se dissimule dans les éclats de verre de mes déceptions.

L'insolence de la mort qui dans son absolue éternité recrache les fétides peurs humaines, elle escorte ma vie d'une grimace douloureuse et définitive.

Je me suis, dans un rêve, allongé en elle, et mon passage s'est ouvert sur des dépouilles recouvertes de bigorneaux et autres mollusques.

Des plages où les corps nus se réinventent en impression soleil, où la saison d'hiver demeure prisonnière du plumier de crayons.

J'ai gaspillé mon temps à cette contemplation, sans comprendre que la nuit guettait dans son corridor malfamé. J'ai dégagé mon coude sans retenue, la boîte de coloriage a rebondi au sol et la mort a ricané en regardant mon déguisement d'homme vivant.

Je couperai les brouillards et les rencontres du hasard, je dépasserai mes faiblesses ankylosées de supercheries et je partirai dans un coin de vie jouer mes ultimes instants avec une sarbacane trouvée dans un terrain vague par un enfant pas sage.

Je suis une image désarticulée et tremblante, je plonge et j'aperçois une balise marine sur laquelle sont crochetés mes vêtements.

Je prends la mer à pieds nus, j'y retourne, c'est dans les courants que se localisent mes bouteilles, mes cris de l'enfance y sont restés enfermés, je les retrouverai, les ouvrirai, leur dirai que je ne suis pas perdu. Leur dire que je suis enfin sauvé.

— Prévenez les autorités. Dites-leur qu'ils peuvent refermer le dossier de Paul matricule 22 280. Il est minuit et 2 minutes.

Achevé d'imprimer
en juin 2019
par Ouestelio, Brest.